老いのたしなみ

内科医・杏林大学名誉教授
石川恭三
Kyozo Ishikawa, MD

「和顔愛語」を身につける

孤独は冒険の時間

老いてこそおしゃれに

おさぼりの幸福

動け、さらば救われん

確実に手にしている時間は「今」

何もしなければ、何も起こらない

高齢者は老練な名優

河出書房新社

老いのたしなみ ＊ 目次

第二章　動け、さらば救われん

老いのたしなみ

まえがき

何となく、ただ、何となく日が過ぎていくのを、こんなことでいいのだろうか、とかつてはそう思うことがよくあったが、今では、まあ、こんなもんだろうと受け流している。たいていのことはなるようにしかならないし、そうなったらそれなりに収まることもわかっている。だが、そうなるまでにはしばらくの時間が必要だった。

今年もまた、何人もの友人が遠い人になってしまった。アガサ・クリスティの長篇推理小説『そして誰もいなくなった』ではないが、私のまわりは、それに近い状態に向かっている。私とは比較にならないほど仕事にがんじがらめになっていた友人たちも、何年か前からは、ようやく仕事関係のしがらみから少しずつ解放されてきて、会おうと思えば会えるようになっていたのだが、そのころから体の不調を訴えるようになった友人が何人もいて、今も思うようには会えないままになっている。あのときちょっと無理をして出かけていれば会うことができたのにと、臍《ほぞ》を噛む思いを何度も味わってきた。

仕事に出かけない日には、書斎で一人で過ごす時間が多くなり、ときには所在なさを感じることはあるが、一方では瞑想や思索することが多くなり、それにより精神的な充足感を享受できる機会が増え、その度に心の見通しがよくなるように感じている。そして、その折々に心に浮かんできた思いをかき寄せ、言葉に整え、パソコンの中に書き留めている。

今の私にとって、パソコンは相棒でもあり、友でもある。パソコンの画面に向かって語りかけるようにキーを叩いていると、不思議と心が和《なご》んでくる。

それまでは頭のどこかに隠れていたのか、思いもしていなかったアイディアが即興演奏のように突然浮かび上がってくることがある。頭の中で思い浮かべていた言葉の動きが鈍くなって、その先へ思うように進まないとき、とりあえずその言葉の塊をそっくりパソコンの画面に移して眺めていると、くっつきあった小さな氷の塊が少しずつ溶けてばらばらになっていくように、固まっていた言葉が自由に動き出すことがある。

だがときには、パソコンの機嫌をそこねて、思うように作動できなくなることもある。そんなときには、理由もわからないままに友人から絶交を言い渡されたような最悪の気分になり、その修復改善にあたふたすることになる。それもまた、人様の世話にはなるのだが、結局は何とかなるのである。

干支を六回りして七回り目に入った私に、人様のお役に立つことがあるとしたらいったい何だろうか、と自問することがある。今も細々ながら、週に二日だけ病院で循環器の専門外来を担当しているので、診療を介して多少はお役に立っているかもしれない。

若いころは、テレビ・ラジオ・新聞や講演会などを介して、医学情報を多くの人たちに伝えることに携わっていた。それは想像もつかないほどの多くの人たちに一度に医学情報を伝達できるわけであり、臨床医としての指導的役目を遂行しているという自負を感じることができた。しかし、それはあくまでもマスメディアを介しての一方的な医療サーヴィスであり、個々の患者さんへの直接的なサーヴィスではなかった。

だが今の私は、ごく少数の患者さんではあるが、一人ひとりと直接向き合って、時間を充分にかけて診療しているので、微力ながらも臨床医としての仕事をじっくりとさせてもらっているという満足感があり、医者冥利につきると感謝している。

また、老齢の私が今もささやかながらも現役の医師として診療に携わっていることや、細々とでも執筆を続けていることが、仕事を離れて今ではいささか時間を持て余し気味になっている高齢者の方々に、自分も何かしてみるか、という意欲にわずかでも前向きに作用しているとしたら、今の私が少しはお役に立っていることになり、これは望外の喜びである。

私は何もしないでぼうっとしていることが好きである。たまたまそんなときに何かの拍子で頭の中に飛び込んできたテーマ「老いのたしなみ」を材料にして、小文にまとめてみた。私なりに心に留《とど》めている「老いのたしなみ」は、「孤独は冒険の時間と心得る」「動け、さらば救われん」「「和顔愛語」を身につける」「老いてこそおしゃれに」「何事もほどほどを心がける」の五つである。

そして、それらについてあらためて考え、日常における老いとの上手な付き合い方を提案した。

本書がいささかなりとも、読者諸兄姉の無聊の折の慰めの一助になれば、このうえない喜びである。

この度もまた、企画・編集に絶大なご助力を頂いた河出書房新社の太田美穂氏に深甚なる謝意を表します。

石川恭三

令和二年五月吉日

第一章　孤独は冒険の時間

昔取った杵柄《きねづか》で、また餅をつこう

——古いものに手を加えて、人生の輝きを再び

少し古くなったからといって、まだ充分使えるのに、使わないままにしているものが沢山ある。着るもの一つとってもそうである。古いものでもちょっと手を加えれば、外出着になるものもあるだろうし、外出着には無理でも家で着ている分には何の問題もないものはいくらもある。

古くてもう着ないからとすぐに処分するのではなく、とりあえずはもう一度着てみて、それから処分することを考えても遅くはないと、ケチな性分の私はいつもねばるのである。とくにクリーニングから返ったままになっているものなどは、そのまま処分するなどもったいなさすぎて、せめてもう一度くらい着てからにしなければと、そ

の場は処分見送りにして、また、しまい込んでしまう。

いつでも自身を高めていくことができる

古着から高齢者へと話を飛躍させるのは、いささか乱暴だとは思うが、そこには似通ったところがあるのは明らかである。人生百年時代の今、ただ高齢だからというだけで、実社会から遠ざかって、のほほんとしていていいはずがない。

そんなことをしているのは、高齢者本人にとっては宝の持ち腐れであり、社会にとっては大きな損失になる。それが見栄えがするものか、それほどでもないものかはあるにしても、誰にでも昔取った杵柄《きねづか》を持っているはずである。それを引っぱり出して、巧みな手さばきで美味い餅をついて振る舞うことで、周囲の人たちを喜ばせることができるし、また、自分自身の存在感を確認し、自身を高め、満足感を手にすることができるのは確かである。

私の知人は学生時代には社交ダンスが得意で、競技会に出て何度も入賞するほどの腕前だったが、社会人になってからはダンスからは遠のいていた。会社を定年退職したあとはこれといった趣味がないことから、スポーツジムにでも行こうかと思っていた矢先に、自宅近くに社交ダンスのスタジオがオープンした。

そのスタジオを冷やかし半分でのぞきに行き、その華やかな雰囲気からダンスへのノスタルジアがかきたてられ、その場で入会した。何十年もの間、きちんとしたダンスを一度もしていなかったにもかかわらず、何日か通っている間に自然に体が動くようになり、ひと月とかからないうちにインストラクターが目を見張るほどの腕前になった。

その後しばらくして、そのスタジオの高齢者を対象としたクラスで、インストラクターのアシスタントとして迎え入れられるまでになった。彼は、喜寿を越した今も、ダンスのインストラクターとして多少なりとも家計を潤す収入を得る一方で、ボランティア活動として、有志とともに老人養護施設を回ってダンスの指導をしている。

花嫁修業として華道の稽古をして、師範の免許を取得したが、それを生かす機会もなく家事と育児に専念して過ごしてきた女性が、夫が定年退職して関連会社に再就職したのを機に、自分も専業主婦から抜け出して、日ごろから考えていた華道へ復帰することに踏み切った。地元のカルチャーセンターの華道教室で臨時の講師としてスタートし、ついで、いくつもの華道教室を受け持つようになり、自宅でも教えるようになった。この女性は暦年齢より十歳差し引いた年齢だと言っても、誰も疑わないほどの容姿と活気を身につけている。

スポーツジムのプールでよく一緒になる私と同年輩の男性が、クロールや平泳ぎで実にきれいなフォームで悠然と泳いでいるのをいつも憧憬の目で眺めている。この男性はプールががら空きのときなどに、若いころに習ったことがあるとして、古式泳法のいくつかをデモンストレーションしてくれるのだが、それがまた見事なので、それを見ている人たちの間から大きな拍手が沸き起こるのである。

自分の中の希少性が高い価値を探そう

私には昔取った杵柄だと堂々と自慢できるようなものは何もない。だが、昔、苦労して貧脳に仕込んだもので、このまま使わないままにしておくには惜しいと思っているものはある。それは、受験勉強の際に必死で脳細胞の中に叩き込んだままになっている知識である。

その知識はかなりの年代物なので、中には鮮度や正確度の面で怪しくなっているものもあるが、今でもちょっと手を入れれば立派に使えるものがいくらもある。

中でも英語は、この年になっても英文の研究論文に触れる機会が少なくないし、英語そのものに興味があることもあって、中学生程度の英語なら何とか教えられるくらいのレベルを保っていると自惚れている。そこで、中学三年になった孫娘と小学六年の孫息子の英語の勉強の手助けをしているのだが、今のところまずまずの手応えを感じて、昔取った杵柄の妙味を玩味している。

高齢者には、使われないまま放置されている昔取った杵柄が、何かしらあるはずである。それを掘り起こして活用することで、これからの生き方が活性化されることは間違いない。私たちの体の中には、希少性の高い資源が手付かずのままになっていることを認識すべきなのである。

老いは薄めに、感動は濃いめに
——高齢者の暗さ払拭のためのＴＰＯ

ああ、年をとったなあ、と思ったときでも、まあ、こんなもんだろう、気にしない、気にしない、と軽く受け止めている。老いてくれば、今までなかった症状や徴候が目に見えて増えてくるのが当たり前だからである。

ワイシャツの首のところのボタンがはめづらくなったり、立ったままズボンをはいたり脱いだりするとき体がふらつくので何かにつかまりながらだったり、ペットボトルの蓋をひねるのに苦労したりなど、ついこの間まで難なくできたことが、そう簡単ではなくなっていることがいくらもある。

老いは恥ずかしいものではないし、誰もが辿るごく自然のプロセスだと、開き直っているところもなきにしもあらずだが、だからと言って、わざと老いをオーバーにさらけ出したり、ことさら覆い隠したりするよりは、控え目に、小出しにしたほうが見場もいいし、無難だとも思っている。

　私たち日本の高齢者は、医療、介護、年金などさまざまな公的な恩恵を受け、周囲からも温かい扱いを受けている、世界でもあまり例を見ないほどに恵まれていると思う。私は、今はもう社会に対してあまり多くの貢献ができなくなってきている老齢の身ではあるが、それでも、これならまだできると思うことがいくつかはある。

「サンキュー」の絶大な効果

　私が今、とくに心がけていることがＴＰＯの三つに集約できる。ＴＰＯというと、通常は、物事を実行する際に、Ｔ（Time＝時間）、Ｐ（Place＝場所）、Ｏ（Occasion＝場合）を考慮することが大切であるという意味で用いられるのだが、私がここで自己流に取り上げているＴＰＯとは、Ｔ（Thanks＝感謝する）、Ｐ（Please＝喜ばす）、Ｏ（Obligation＝義務）のことである。

感謝する（T＝Thanks）心が人との和やかなコミュニケーションを醸成するうえで極めて重要な役割を演じている。

アメリカの大学に留学したときのこと。周囲の人たちが何でもないような些細なことに対しても「サンキュー」を口にしていて、それがその場の雰囲気をいくぶんなりとも穏やかにしていることを知った。私も率先して実行することで「サンキュー」の効果を身をもって実感した。

それ以来、ちょっとしたことでもすぐに、「ありがとう」が口をついて出てくるようになっている。感謝する気持ちを保持することで心の姿勢を端正に保つことができるのは本当である。

高齢者はとかく暗い存在になりがちなので、そうならないためには、内心はどうあろうとも明るく振る舞って見せることである。それには人を喜ばせ（P＝Please）、そして、自分もその喜びに共感するのもいい。適切な冗談を言ったり、楽しい話題を提供したりして、その場の雰囲気を明るくさせる高齢者は、誰からも好感をもって迎えられる。

また、人はほめられれば、それがお世辞であるとわかってはいても、悪い気はしない。相手がどのようなことを言われたら喜んでくれるだろうかということは、年の功で大よその見当はすぐにつく。相手の喜ぶ様子を見れば、こちらも心が弾んでくる。そんなときは多分、相手も自分もいい顔になっているはずである。

高齢になると与えられることが多く、こちらから与えることが少なくなってくる。それもある程度はしかたがないとしても、高齢者といえどもなさねばならない義務（O＝Obligation）があることを認識しておく必要がある。家の中について言えば、各人に仕事の役割分担ができているはずであり、それをまず着実に実行するのがルールである。

退職して家にいる時間が多くなった男性は、家人がしていた家事の一部を好むと好まざるとにかかわらず、引き継ぐことになる。家人が忙しく立ち振る舞っているのに、何もしないでただ傍観しているだけではいられなくなるのが人情である。

そうこうしているうちに、自分が手伝うことができる家事のおおよそが決まり、それを着実に遂行することが義務（O＝Obligation）になる。私の今の家庭内のOは、自室の掃除、ごみ出し、家内の内服薬の準備、孫の勉強の手伝い、くらいしかないが、家庭内を明るくするための雰囲気作りをすることも高齢者の私の大切なOだと心得ているので、とにかく明るく振る舞うことにしている。

感動を受けいれるため心を大きく開く

若いころと比べれば、感動することがぐっと少なくなっているのは間違いない。それは感動する感性が鈍化しているせいも多少はあるかもしれないが、感動する出来事に遭遇する場面に立ち会う機会が少なくなっていることもその原因になっているのも確かである。私たちは鈍化している感動を受けいれるリセプター（受容体）を力強いものに再生させ、多くの感動が待ち受けているさまざまな環境の中へ身を置くことにもっと積極的になるべきだと思う。

音楽を聴いたり、本を読んだり、テレビを見たり、人と話をしたり、観劇したり、また絵画を鑑賞したりするのもいい。思いきって旅に出るのもいい。大切なことは常に感動を受けいれる心を大きく開いておくことである。

端正な身だしなみ
——老いてこそおしゃれに

今、何をしなければならないか、何をしたいのかと、ときどき自問自答して、その中から今すぐにできることからとりあえず手をつけることにしている。

高齢になると、どうせ自分のことなど気にかける人などいないだろうとみて、身だしなみをおろそかにしがちになる。だが世間は結構よく見ているもので、あのとき、あそこであんな恰好をしていたなどと、噂の種になったりする。若いときは、どんな恰好をしていても、それなりにさまになっているし、また、若いからしかたがないと大目に見てもくれるが、年をとってからだとそうはいかない。

仕事を辞めてから身なりを構わなくなったとか、急に老け込んだようだとか、年のせいばかりではなく、少しおかしくなったのではないか、などと勘ぐられることにもなりかねない。老いてこそおしゃれが大切である。外出するときには、すぐ近くに出かけるときでも、ＴＰＯ（時、場所、場合）に則した外装に整えたほうが断然いい。

身だしなみの基本は清潔感

玄関から数歩のところの門の脇にある郵便受けに、早朝、新聞を取りに出るときでも、それなりに身支度を整えてからにしている。そんな早朝に人と出会うことなど滅多にないが、たまたま手抜きの身なりで出てしまったときに、散歩をしていた近所の人と顔を合わせて、気恥ずかしい思いをしたことが何度かあった。今では真冬のまだ真っ暗な早朝でも、見られても恥ずかしくない程度の身づくろいをして新聞を取りに出ている。

　身だしなみの基本として常に気にかけていることは、清潔感を失わないようにすることである。頭髪を整え、髭を剃り、汚れのない容《かたち》の整った衣服を身につけるなどの見た目の清潔感も大切だが、口臭、体臭、頭髪の臭い、衣服からの臭いなどがないように気を配っている。

「おじいちゃん、くさ〜い」と言って、久しぶりに来た幼稚園児の孫娘が逃げて行ったと嘆いていた人がいた。その人は孫娘の母親である娘さんのアドバイスを受けて、悪臭の原因になりそうなことを徹底的に根絶することにして、歯周病の治療を受け、毎日入浴して洗髪し、下着は毎日取り替え、部屋着も頻回に取り替えるなどをした。その結果、孫娘から「おじいちゃん、くさ〜い」と二度と言われずに、一緒に機嫌よく遊べるようになったそうだ。

周囲への気遣いを忘れない

高齢になると、かつては、さまざまな社会的な規制の中で、思い通りにいかないことが多々あった環境から解放される。そうなると、これからは自分のことを中心に考えて行動してもさほど支障はないと思えてきて、周囲に対する気遣いが粗雑になることがなきにしもあらずである。

人に迷惑をかけているかどうかに無頓着になって、まわりから勝手気ままに振る舞っていると顰蹙《ひんしゅく》を買っているのにも気づいていない高齢者を見かけることがある。自分はそんなことはしていないと思っても、もしかしたら、という気持ちになって注意の目を自分に向けてみる必要がありそうである。

近ごろ、これまでの人生を振り返ってみて、よくぞここまで辿りついたものだと、いささか大仰だが、実際にそう思うことがある。自分なりに一生懸命頑張ってきたからだと自画自賛したい気持ちもあるが、それを可能にしてくれた多くの人たちの支えがあったからこそであることを想起して、そのたびに感謝の念を深めている。非力な私がこれから先できることなどたかが知れているが、報恩の気持ちを込めて、ささやかでも人のためになることをしたいと思っている。

この年になっても、医療に従事させてもらえる幸運に恵まれているので、目の前にいる患者さんのために微力ながら最善をつくしたいと思っている。

大学を定年退職してすぐに、自宅からさほど遠くないところにある総合病院で高血圧外来を担当させてもらい、もう二十年近くになる。大学病院での忙しい診療とは異なり、予約制でもあり、診療する患者さんもさほど多くないこともあって、一人ひとりの患者さんに充分時間をかけて向き合うことができることは、医者冥利に尽きる幸運だと思っている。

長年にわたって身につけたものを少しでも多く次の世代に伝えておきたいという欲望は人としての本能に近いものであるのかもしれない。

これまでに執筆や講演、テレビやラジオの出演などを通して、臨床医としての経験で得た知見のエッセンスを長年にわたり述べてきたつもりだが、それでも充分力をつくしたという満足感が得られていない。

まだ、なすべき仕事が手つかずのまま山積しているという認識があり、そのことがともすれば崩れそうな老いの身に生気を送り込んでくれているのだと思う。

おさぼりの味

――心の安寧と精気を維持する力

　何もしないでぼうっとしていると、今でも心のどこかから、サボっているな、と囁かれているように思えて、後ろめたさを感じてしまう。やるべき仕事が目の前にあるのに、それをしないで、ただ無為に過ごしているのなら、サボっていると感じてもしかたがないが、今はもう、差し迫った仕事などのない、気楽な立場にいるのに、それでもサボっているような気持ちになってしまう。

　私は一気呵成に仕事を仕上げられる超速タイプではなく、いつ仕上がるかわからないほどの鈍速タイプである。鈍速なるが故に、コンスタントに歩を進め続けることでしか仕事を仕上げられないことを骨身にしみて承知しているので、すぐにやるべき仕事がなくても何もしないでいると、サボっていると思えて不安になる。

外科系の医師は手術を終えると、これにて一件落着として、次の仕事に備えるために休息をとるという緩急をつけた生活ができるが、内科系の医師は、急性か慢性かの病気の治療に差はあっても、これにて一件落着とはいかず、常に仕事が継続しているという、メリハリのない生活をしている。いつも仕事を抱えているのが当たり前と思い込んでいる、こんな内科系の生活を長年していると、何もしないでいると、ついサボっていると感じてしまうのかもしれない。

やるべきことがあるという自覚

何もしないでいるとき、サボっていると感じることとは、実は幸せなことなのである。というのは、サボっていると感じさせる「やるべきこと」があるという自覚がどこかにあるからである。やるべきことがあるという自覚が次のステップの行き先を示す道標となって、心の安寧と精気を維持する力になっているのは確かである。

やるべきことも、やりたいこともないような状況が長期間続いていると、もうそれが当たり前のこととなって、サボっているという感情が薄れてくるのではないだろうか。

忙しく仕事をしていたころ、タイトなスケジュールに無理やり隙間を作って、息抜きをすることが何度もあった。そんなときには、サボっているという後ろめたさを感じているために、この息抜きを存分にエンジョイして明日からの仕事の活力を産み出したいと思っていた。

もうずっと前に「かぜの効用」という小文を書いたことがある（『からだの歳時記』有斐閣選書、集英社文庫）。かぜの効用はサボりの効用にも合い通じるところがあるので、その小文の一部をここで引用してみた。

「たまにはかぜをひいて床につくのも悪いことではない。かぜはだれでもひくし、かぜをひいて高熱が出たときやせきがひどいときの苦しさは、だれでも知っている。また、かぜをこじらせると肺炎になったり、ときにはこれが元で、余病が併発して大事にいたる可能性のあることは、だれでもが知っている。こんなわけで、かぜで休むことに対して、有難いことに世間はかなり寛大である。かぜをひいて熱でも出てきたら、この世間の寛大さにちょっと甘えて、早目に床につくことである。体を休めることは、体力の消耗を防ぎ、かぜからの回復を早くするのはもちろんであるが、その他にもいろいろメリットがある。(中略) 床についていると、自分を取り巻いているいろいろな事に思いをめぐらすことができる。動き回っていたときには、まったく気が付かなかったことが、はっきりと目に見えてくる。これらはすべてかぜの効用である」

かぜの効用の応用として、かぜをひいてはいないが、かぜをひいたとして休みをとることである。三十九度の高熱でのどが痛く、咳も出ているかぜということにすれば、堂々たる欠席の理由になる。そんな人が近くにいたら、うつされるかもしれないとなると、休んでもらってありがたいと思う人がほとんどであろう。そんなときのサボりはほろ苦いが絶妙な甘みもあるはずである。

サボりの幸福

仕事の第一線から退いた高齢者でも、サボりの感覚を抱くことはいくらもある。定期的にカルチャー教室、講習会、勉強会、研究会、スポーツジム、ボランティア活動、リハビリなどに参加している人が些細な理由で参加しなかったときは、後ろめたさを抱くに違いない。私は原則として週に三回スポーツジムに行っているが、体力的には少しきつく感じることがあり、ときどき行きたくないと思うことがある。

そんなとき、少しでも自分を納得させるだけの休む理由があれば、それに飛びついて休むことになる。翌日出かける用事がある日は疲れるといけないからという理由をつけ、また、出かけた日の翌日は疲れたから無理しないほうがいいと言い訳を言って、ジムに行かないことになるのが、今の私の定番になっている。でも、そんなことをしたときは、ちょっぴりだが、ほろ苦いサボりの味を噛みしめることになる。

サボりの感覚を抱かせるものに関わっている高齢者には活気がある。何もしなくてもいいという、まるで無重力のような環境に身を置いていると、体力も気力も弱まってしまう。

サボることがあるのは幸せなのである。

見栄の妙味
——高齢者は老練な名優

誰にでも見栄を張りたいと思うときがある。そんなときは、たいていの場合、それを簡単に決められる状況ではなく、かなりの無理を覚悟しなくてはならないことを承知のうえで、それでもそれをしてみたいと思うのである。見栄を張ることでかっこいい自分を表出できたという満足感を得ることはできるが、それがどのような状況を醸し出すことになるのかの不安がつきまとうのは、見栄の代償として甘受しなくてはならない。

見栄を張ったことで傍《はた》からの評価が一時的にせよ高まったことを認識して、その評価に応えるように努力をすることで、内面的にも成長するという。それは、古くから

「外相整わば内相自ら熟す」と言われているが、現実にもあり得ることである。見栄を張ることでいつもより高いところから景色を見ることになり、視野が広がり、それまではよく見えなかったことが目に入り、意欲が高まり、活気が生まれてくることもある。

　私はこれまでに見栄を張って、自分をちょっぴり持ち上げていい気分にひたって、元気を取り戻したことがそれはもう数えきれないほどある。でも、見栄の張り方も加齢とともに小さくなってきている。体からぽっぽと湯気が立ち上っていた若いころには、大見栄を張ったあとの津波のような反動でも、がっちりと受け止められるだけの力があったが、それもなくなった今では、見栄のうちにも入らないような小さな見栄で粋がっている。

　タクシーで料金を払うとき、多少なりともチップを置くことにしているのだが、その額がみみっちくなってきているのは、活力の低下に加えて、加齢とともに生来のケチな性分が表面化してきた証なのかもしれない。

見栄にも変化が出てくる

エスカレーターのあるところでは、とくに混雑している時間帯には、安全性も考えてよく利用しているが、あまり混雑していないときには、たまに階段を上り下りすることがある。そのときの気持ちは、まだ、このくらいの階段なら何でもないことを誇示して、自分自身を納得させたいだけである。

でも実際は、とくに急ぎ足で階段を上り終えたときには、見栄も外聞もなく、しばらくは立ち止まって、苦しい息遣いが収まるのを待つことがある。そんなときは、もうこんなことは無理なのでやめようと思うのだが、しばらくすると性懲りもなく、同じ轍《てつ》を踏んでしまう。面白いことに、早足で階段を上っても、それほどの息苦しさがないこともあるので、これが今の本当の自分に近いのではないかと医者らしからぬ甘い判断をしている。

欲しいものの中に値段が高いものと安いものとがあるときには、多少無理してでも高いほうを買うことが多かった。それは、多少は見栄を張っているところもあったのだが、たいていは高いほうが品質がよかったり、デザインが気に入ったりしているためだった。両者にそれほどの違いがないように見えても、プロが見れば品質に歴然たる違いがあるのかもしれないと思ったのである。

何度も安かろう悪かろうの苦い目にあってきたこともあって、どうせならと高いほうに手が伸びていた。もし、手元が不如意で高いほうに手が届かないときは、安いほうで我慢しておくということはしないで、買うことを諦めることにしていた。

これまでは、安物には手を出さないという見栄を重んじてきた。だが、最近は安くて上質なものが多くなっている。その品質でそのデザインで、しかも、その値段で手に入るなら、それとそれほど変らない高価なブランドものでなくてもいいとして、それで我慢するというのではなく、それで充分満足しているというスタンスになってきている。

人生という舞台での名演技

定年退職してからは、それまで働き続けてきた疲れもあり、思う存分自由な時間を過ごしたいという念願のもとに悠々自適の生活を過ごしてきたが、次第にそのような安穏な生活に物足らなさを感じるようになって、もう一度生産的な仕事につきたいと思う人が少なくないのではなかろうか。それに今では、古希を過ぎてもそれが当たり前のようにして働いている人がいくらでもいて、むしろ働かないでいる人のほうが肩身が狭そうにさえ見える。

でも、いざ、働く気になってても、過去のキャリアに見合う仕事が見つかるとはかぎらない。多くの場合、入手できる仕事は希望にそぐわないものであるのが現実だ。今の自分はもう昔の自分ではないと承知しているつもりでも、それでもまだ自己評価は世間的評価よりかなり高いのが普通である。

提示された仕事をするくらいなら今のままでいようと、「武士は食わねど高楊枝」を決め込む人がいる一方で、これが今の自分につけられた世間一般の評価だと潔く受け止めて新しい仕事につく人もいる。そのどちらを選ぶかは、健康面の問題や経済的事情に加えて、世間的な見栄をどう自分の中で消化するかも大きな課題になってくる。

役者は、医者になったり、患者になったり、大金持ちになったり、貧乏人になったり、検事になったり、犯罪者になったりと、よくもあんなふうにいろいろな人間になりきって演じられるものだと感心する。

高齢者は老練な名優であり、どんな役でも見事に演じられるはずである。定年退職を機にそれまでの大役を演じ終えた高齢者が、ここで思いきってこれまで演じたことのない役について名演技を披露すれば、人生劇場の舞台をいっそう味わい深いものに盛り上げること必定である。

運は取りに行くもの
——何もしなければ、何も起こらない

果報は寝て待てとはいえ、待っていても来ることなどまずない。そんなことは誰でも承知しているはずなのに、それとあまり変らないようにして日々を過ごしている人が少なくないように思う。

定年退職して職場を去るとき、仕事とともに多くの人たちとも別れることになる。どんなに親しい付き合いをしていたとしても、多くの場合、仕事を介してのつながりが強かったので、仕事という接着剤がなくなれば、仕事の切れ目が縁の切れ目になるのはしかたがないことなのである。

退職後も苦楽をともにした友人との絆をなんとしても失いたくないと思ったら、そ

れだけの覚悟と思案と努力が双方に必要である。それにはこまめに連絡を取り合い、気軽に会う機会を作ることが必定になる。

大学を定年退職して二十年になるが、今でも年に一度、都内のホテルで開催される「石門会」という同門会に家内とともに招かれて、全国各地から参集してくれる、かつての弟子たちと歓談できる機会を持つ幸せを甘受している。

この石門会は、私が定年退職したあとも、一緒に過ごした仲間たちが一堂に会することができる「止まり木」になるようにと、二十年先を見越して、教授に就任して間もないときに設立したものである。教授在職中の二十年間は、我が家の狭い庭でバーベキューパーティを行っていたが、退職後は弟子たちが私たち夫婦を招いてくれるようになり、これもかれこれ二十年になる。

提示された仕事は、今の自分の評価の一面

サラリーマンは定年退職するずっと前から、退職後の生活設計を立てているはずである。退職後のしばらくの間は、悠々自適な生活をして、それまでできなかったいく

つかのことをして、それから先のことは追い追い考える、というような人は、経済的にも、社会的にも恵まれている人である。

多くのサラリーマンはそんな悠長なことをしていられず、退職後はすぐに再就職したいと願っている。退職後も一定期間、残留して勤務できる人も、また、関連会社へ再就職できる人もいるだろう。

だが、そのような機会がない人やそれを希望しない人は、自分で就職先を探さなくてはならない。初老に近い定年退職者が、これまでのキャリアに見合う職種にそれ相応のポジションで就職できるのはごくかぎられた人であり、多くの場合、職種やポジションのいずれか、あるいはその両方とも、希望するものとはかけ離れていることのほうがむしろ普通である。

それでもとりあえず仕事が見つかり、新しい仕事にチャレンジすることで、未知の世界を切り開く面白さを手にすることができる人は幸せである。

失職した人が働きたくても思うような仕事につけないのはいつの時代でも同じである。中高年者、とくに高年者にとっての仕事探しは至難である。どんな仕事でもいいと思ってはいても、いざ提示された仕事を見て、いくらなんでも、それはちょっと……と尻込みしてしまうこともあるに違いない。

その仕事のレベルがごく一部の人の評価にすぎないものだとしても、今の自分の評価の一面であることは間違いない。その仕事を引き受けるか、その仕事を断って、それより上を目指すか、それとも就職活動そのものを諦めるかを選択することになる。

人生百年時代になってきた今、何歳になっても働けるなら、自分のためにも、また、社会のためにも、積極的に働くことを選択してほしいと思う。傘寿をとっくに越した私は今も、総合病院で外来診療を担当する現役の医師として、週に二日ではあるが、充実感を持って働かせてもらっている。

やらないで後悔するより、やって後悔するほうがいい

仕事もチャンスも常に求めていかなければ視野にも入ってこない。我関せずとばかりにしていても、向こうから仕事やチャンスが飛び込んでくるのは、全盛期のころのほんのひとときだけである。全盛期がとっくに過ぎ去ったあとも、その当時の記憶の

残滓《ざんし》が心の隅に引っかかっていて、そのうち何とかなるだろうと高をくくって軽く受け止めて何もしないでいる人もいるが、そううまくはいかないことが多いのが現実である。

年をとったら、家にくすぶってばかりいないで、できるだけ多くの人と接触する機会を持つべきである。会社の記念式典、同窓会、古希や傘寿などの祝賀会、町内会などに出席して、顔見知りの人たちにそれとなく自分や家族の近況について話をすることは、人の輪の親密さを深めるのにプラスに作用している。

そんな折に、結婚の機会に恵まれないでいる孫のためにひと肌脱ぐのも年寄りの務めではないだろうか。そこでの話がきっかけになって、お見合い、そして、結婚へとめでたく進展したという類の話を時折耳にすることがある。

何もしなければ、何も起こらない、やらないで後悔するより、やって後悔するほうがいい、と怠け心が顔を出すたびに己に言い聞かせている。

威風堂々の老大人

——孤独は冒険の時間

若いころからこういう老人になりたいと思った人が大勢いたし、傘寿を越した今でもそう思う人が何人もいる。そういう人の持っている特異な美点に魅了され、それを自分の中にも取り入れたいと思ってきた。そんな気持ちを折に触れて思い出しては、それに沿って考え、行動することを幾度となく繰り返していたことが、多少なりとも、精神の姿勢を是正するのに役立ったと思っている。

また、あえて孤独の中に自分を追い込み、その中で自分自身と真っ向から向き合い、これからの人生を思いっきり楽しむためには、自分はどう在るべきかと、未知の世界を遊び心で冒険するのも孤独に身を置く利点である。このように、孤独を冒険と心得ている前向きの高齢者でありたいとも思っている。

見習いたい老人は現実の人がほとんどだが、ときには、ドラマや小説の中の人物であることも、また、歴史上の人物であることもある。医学生のころ、シュバイツァー博士の著書を何冊か読み、尊敬と憧憬の念を胸に、博士が述べた感動的な言葉のほんの一部でも身につけたいと思った。今でも心に残っているのは、「やるべき仕事があるということは幸せなことである」という言葉である。

脳神経外科医の青年医師ベン・ケーシーの活躍を描いたテレビドラマ「ベン・ケーシー」は一九六一年から一九六六年まで放映され、一世を風靡するほどの人気を博した。そこに登場してくる、ケーシーの上司であり師匠でもある高齢のゾーバ博士は、腕は天才的だが、独善的で融通がきかない性格のケーシーに慈愛のこもった適切なアドバイスをするのだが、その話し方が実に感動的だった。そのような場面を見て、今すぐあのような老成した姿勢で医局員と接するのは無理だとしても、いずれはあのようになりたいと思ったことが幾度となくあった。

私は循環器疾患を専門とする医師なので、高齢者を診察することが多い。これまでに、なんて素晴らしい人なのだろうと思った高齢者が何人もいた。医者という職業はありがたいもので、患者さんと身近に接する機会が多く、その人の人柄を手で触れるように感知することができる。

ダンディな男性患者の「精神の姿勢」

　教授に就任してまだ間もないころ、大学の近くで内科医院を開業していた同級生からの紹介で、七十代半ばの不安定狭心症の男性が入院してきた。この患者さんはそれまでに何度か狭心症の胸痛を認めていたが、そのときはいつもより強い胸痛で持続時間も長いということで、心筋梗塞に移行するリスクが高い不安定狭心症と診断された。幸い心筋梗塞へ進展することなく順調に経過した。

　この入院を契機に、この患者さんとはその後十年以上も続く長い付き合いとなった。この人はさまざまな機械の部品を製造する小さな町工場から身を起こして、ついにはいくつもの自動車の部品を大々的に製造する大工場にまで育て上げた人物だった。初対面のとき、その人の全身からオーラのようなものが感じられ、ただ者ではないと直感した。その人はその年代の人にはめずらしく、百八十センチ近くもある長身で、引き締まった顔貌で、往年のユル・ブリンナーのような見事な禿頭であった。

その人の声には和《なご》やかな響きがあった。そして、目を私の目と合わせながら、ひと言、ひと言、噛みしめるようにゆっくりとした話し方に、いつも吸い込まれるように聞き入ったものである。

内科学教室を主宰するようになって間もなかった私は、今後の教室運営に参考にしたいという思いから、その人の座右の銘について訊いたところ、山本五十六《いそろく》元帥の以下の言葉を挙げた。

「やってみせ、言って聞かせて、させてみて、誉めてやらねば人は動かじ。

話し合い耳を傾け承認し、任せてやらねば、人は育たず。

やっている姿を感謝で見守って、信頼せねば人は実らず」

この山本五十六元帥の名言は、教室運営の基本的な教訓として心に留めることにした。

その人は大変おしゃれでダンディな人で、外来に受診してくるときは、一分《ぶ》の隙もないほどにピシッときめた出で立ちだった。

「働いているときは油の浸み込んだ作業着を堂々と着て、仕事を離れて外出するときには、思いきっておしゃれをするように、自分にも従業員にも言っているんです。おしゃれをすると背筋がすっと伸びてひと回り人間が大きくなったように感じるんです。そうなると、それに相応《ふさわ》しいいい仕事をしようと思うようになるものなんです」

これは威風堂々の老大人であるその人から何度も聞いた話である。

いつも前向きな女性患者に学ぶ

私より何歳か年長の女性がもう十年近く外来に受診されている。この女性は私の外来には主に高血圧の治療を受けに来られているが、そのほか糖尿病外来と腰痛と膝関節痛のために整形外科にも受診している。身長百五十センチ、体重六十五キロの小太りのこの女性は、いつもきちんと整った身なりをしていて、よく通る大きな声で、

「今日は、お世話になります」

と満面の笑顔で言いながら、診察室に入ってくる。すると、あたりが急に明るくな

ったように感じられる。オーバーではなく、実年齢より十歳くらいは若く見える。

この女性は七年前に夫を胃がんで亡くし、今は夫を自動車事故で亡くして中学二年と小学五年の二人の息子を連れて実家に戻ってきた娘さんと四人で暮している。娘さんは都内の証券会社に勤務しているので、家事一切をこの女性が引き受けている。しかも、週に三回、スポーツジムでストレッチ体操やプールで水中ウォーキングをしているという、アスリート高齢者でもある。家庭内の話になっても、自分の体調の話になっても、愚痴っぽい話にはならず、物事を明るく捉えることが身についていて、いつも誰かに感謝をしているという気持ちが伝わってくる。

この女性も、こうありたいと思う威風堂々たる老大人である。

第二章　動け、さらば救われん

バランスのいい生き方
――引きこもり生活の悪循環

高齢になっても仕事をしている人は、一日のうち何時間、一週間で何日くらいがちょうどいいと感じているのだろうか。若いころと同じように、一日八時間、週休二日制で働いているほうが快適だと思う勤勉型の人もいるだろうし、私のように一日四時間くらい、週休五日制が最適だと感じる緩め大好き型の人もいるに違いない。

また、仕事をしていない人では、家事や趣味や運動などで積極的に体を動かしている時間が一日のうちでどのくらいを占めているのかも千差万別であろう。毎日のように外出して、じっとしているときがないほど忙しくしている人もいれば、一日中家に引きこもっている人もいる。結局、私たち高齢者は、自分が最も快適だと思うところを中心に動と静、有為と無為を調整しながら自分なりにバランスを保って生活をしているのだが、そのバランスのとり方が一般常識から逸脱して不具合が生じることもある。

今、問題になっているのは、引きこもりがちな生活をしている高齢者が増えていることである。このような生活を続けていると、運動不足により筋力が低下し、ついには運動機能が著しく低下するサルコペニアになって、寝たきり状態に至ることにもなりかねない。また、人との接触が少ないことから認知機能が低下したり、うつ病になったりすることもある。

そんなに食べていないのに痩せない理由

カロリーの摂取が消費を上回れば、余った分のカロリーは脂肪に変換されて体内に貯蓄され、それが積もり積もって肥満になる。育ち盛りの子供があんなに食べても太らないのは、盛んな生育に伴う基礎代謝の亢進や活発な行動により消費されるカロリーが、過分とも思われる摂取カロリーと釣り合いが取れているからである。

一方、高齢者がそんなに食べていないのに、痩せないし、ちょっと油断をすると太るのは、筋肉量が減り基礎代謝が低下し、また、運動量が減少することから、消費されるカロリーも少なくなるので、最終的には、少ないと思われる摂取カロリーのほうが消費カロリーより多くなるからである。

とは言え、メタボリック症候群を心配している高齢者は、食事を制限して摂取カロリーを抑えるのではなく、しっかりと食べ、しっかりと動くことでカロリーの摂取と消費のバランスを保つべきである。

人間関係でも支出（give）と収入（take）の帳尻はきちんと合わせておくことである。贈りものをもらったら、まずはすぐに礼状を出し、場合によっては、それなりのものを返礼することで、収支の決着をつけるのが常識である。礼状も出さず、返礼もしないままにしていると、常識をわきまえない部類の人として認識されることになる。同様に、人から世話になったら、それに対して分相応の返礼をするのが常識である。

だが、不覚にも謝恩の意を伝える機会がないままに時が経過してしまうこともある。そんな場合でも、まずは無沙汰をわびる手紙を書き、その中で当時お世話になったことに対する謝意をきちんと伝えることである。そして、さらに謝恩の気持ちを形として伝えたいと思ったら、今の自分の社会的立場に相応したもので、しかも、相手の気持ちの負担にならない程度のものを送呈するのもいい。

命の恩人と、心の恩人

恩人が健在の場合には、遅ればせながらでも謝恩の意の一端を伝えることができるが、この年になってしまうと、謝恩を伝えたいほとんどの人はもうこの世の人ではない。親孝行したいときには親はなしと同様に、謝恩したいときには恩人はなしで、今さらながら己の不覚さを情けなく思っている。

ちょっとだけ誇らしいことがある。それは、私が友人の命の恩人になったことがあるからである。もう三十年以上も前のことになるが、パリで開催された学会の帰りに寄ったフランクフルトで、友人と二人で話しながら道路を横断しようとしたとき、路面電車が猛烈なスピードで目の前を通過した。

その寸前、私のすぐ右側にいた友人がまさに前へ出ようとした瞬間、私は電車がすぐそこまで来ていることに気づいて、咄嗟に友人の体を後方へ引っ張り、間一髪のところで友人を救ったのである。もし、あのとき少しでも前に出ていれば彼の命はなかっただろう。こうして私は友人から命の恩人として奉られることになったのである。

友人はことあるごとに、多くの場合、その場の雰囲気を大仰に盛り上げるために、私が命の恩人であることを面白おかしく仕立てて話をしたのだが、その都度、彼の私への気持ちは伝わってきた。その友人は数年前にこの世を去ってしまい、心のど真ん中に大きな穴が開いたままになっていて、いまだに喪失感を拭い去ることができないでいる。私は確かに彼の命の恩人にはなったが、彼はそのずうっと前から私の心の恩人であり、今でもそう思っている。

高齢者の生活はとかく動きの少ない、単調なものになりがちである。それを打破して、心身のバランスのとれた、明るく、充実した毎日を過ごすために、もう何度も書いていることだが、一日のうちに、一読（一回はまとまった文章を読む）、十笑（十回くらい大笑いする）、百吸（百回は深呼吸する）、千字（千字を目標にして文字を書く）、万歩（一万歩を目指して歩く）を心がけている。

「間《ま》」は人生の要

——和やかな人間関係を築く絶妙な「間」

人間関係を円滑に保つためには、双方の間に軋轢《あつれき》が生じない適切な「間《ま》」の存在が不可欠である。人と人との「間」が大切なことを、人間という文字から感じ取ることができる。「間」には空間的、時間的、そして、精神的なものがあるが、それぞれに対しての配慮が必要になる。この「間」の取り方を失敗すると人間関係にひびが入ることにもなりかねない。

その顕著な例がストーカー行為である。好きな人のことが常に頭にあって、その思いから離れる精神的な「間」がなく、会わないでいる時間的に適切な「間」を作らず頻回に会いたいと思い、しかも、その人との空間的に常識的な「間」を超えて身近に会いたいという欲望にかられ、それを行動に移して、相手に多大な迷惑を及ぼしてしまうのがストーカー行為である。

便りがないのは元気な証拠？

これとは反対に、時間的、空間的、精神的にも「間」が空きすぎて友人との付き合いが疎遠になることがある。これは高齢者によく見られる傾向である。

それには体調不良が原因であることもあるが、ただ単に億劫なために連絡をとる機会に背を向けてしまうこともある。相手からの連絡をただ漠然と待つのではなく、こちらからまず連絡してみることである。便りがないのは元気な証拠とばかりに安心していられる年齢ではもはやなくなっているので、元気でない事態になっていることも想定しておかなくてはならない。

しばらく連絡が絶えていた友人に近況を尋ねる手紙を出したところ、大腸がんの手術を受け、その後の経過があまり思わしくなく、しかも、緑内障で文字が読みづらくなっているので、手紙を出せないでいたという電話をもらった。高齢者との時間的な

「間」に、望ましくない出来事が起きていた事例をこれまでにいくつも経験してきたが、この年になってそれが身近な友人に起きたことに愕然となった。

子供が結婚して親元から離れて居を構えるとき、親としては、スープが冷めないうちに持ち運びができる距離のところに決めてほしいと願っても、そんなことは今や奇跡に近いことなのだろう。ところが偶然にも我が家の二人の娘の家族は、それに近いところに居を決めて住んでいる。そのちょうどいい空間的な「間」のおかげで、家内と私が運転免許証を返納しても、それほど不自由しないですんでいる。

落語家や講談師の語り口の「間」のとりかたのうまさは絶妙である。つい、引き込まれてしまう。ところがしゃべくり漫才となると、話の「間」などおかまいなしに、のべつまくなしに話しまくり、何を言っているのか一向にわからないのだが、これが一つの芸になっていて、観客を引きつけることにもなっている。

立て板に水を流すように、淀みなく滑らかな口調の講演を聴いているときは、わかったような気持ちになっているのだが、講演が終わってみると、いったいどんな話だったのかがよくわからない、というようなことがある。話の流れの中に「間」が少ないために、聴く側に考える余裕を与えないので、話の中身が頭に留《とど》まらずに押し出されてしまうのであろう。

医療の場でも「間」が大切である。病気の種類や発症状況や重症度によって、診断と治療開始までの「間」は違ってくる。緊急の治療を要する場合には、はっきりとした診断がつかなくても、救命を最優先して治療が開始されるまでの「間」を可能なかぎり短くする。

一方、さまざまな検査をしながら、病状の経過を観察し、その結果得られた診断をもとに本格的な治療を開始することが、とくに内科系の病気の場合にはよく行われる。中には、診察から診断までの「間」が数ヶ月に及ぶ長期間になることもある。

サルコペニアの原因も「間」にあり

ある症状を訴えていくつものクリニックで診察を受けたが診断がつかず、大学病院を受診するに至って、ようやく診断がついたというケースも少なくない。このような場合、大学病院ではさまざまな精密検査ができ、優秀な医師がいるから診断がついたのではなく、大学病院へ来るまでの間に、臨床経験が少ない研修医でも容易に診断がつくまで症状や徴候が出揃ったからのことが多いのである。

病気の初期の段階ではどんな名医でも、どんな検査をしても診断がつかないが、病気の進展に伴い、はっきりとした症状や徴候が現れてきて、容易に診断がつくことが稀ではない。医師は診断や治療経過の判断に際して、「しばらく経過をみましょう」と言うことがよくあるが、それは経過観察という「間」に期待することが大きいからである。

高齢になり自宅で過ごす時間が多くなると、どうしても体を動かす時間が短くなるとともに、次に体を動かすまでの「間」が長くなってしまう。そんなことを続けていると、気がつかないうちに筋力が衰え、身体能力が低下し、転倒して頭部を強打したり、骨折するなどして、日常生活にも支障をきたすサルコペニアと言われるまでに進行し、ついには寝たきり状態に陥ることにもなりかねない。これは例外的な出来事ではなく、日々の臨床の場ではしばしば起きている現実である。

年をとってきて、これから先、それほど多くの時間が残されていないことを考えて、周囲の人たちとトラブルが起きることを極力避け、和《なご》やかな人間関係を維持して穏やかに余生を過ごしたいという思いを強くしている。そのことを考慮して、個々の人との付き合いの中で、どのような「間」のとり方をするかを決めることにしている。

人生のあらゆる段階で、「間」のとりかたが「生きかた」の模様を大きく変えることになっているのは明らかである。

動け、さらば救われん
――座りすぎにご用心

私たちは一日の約六十％を座って過ごしているらしい。しかも、日本人は世界一「座りすぎ」のようである。確かに、私自身について考えてみても、この六十％は納得できる数値として実感できる。日によっては、一日の九十％くらいを座って過ごしているかもしれない。そんな座りすぎが健康に悪影響を与えていることは容易に想像できるし、事実、それが実証されてきている。

シドニー大学が二〇一二年に発表した調査結果によると、一日十一時間以上座る人は四時間未満の人と比べて、死亡するリスクが四十％もアップするとのことである。また、一日九時間以上座っている成人は七時間未満と比べて糖尿病になる可能性が

二・五倍高くなるという調査結果もある。(明治安田厚生事業団体力医学研究所)

座っている状態だと、人間の体で一番大きい大腿四頭筋などの下半身の筋肉はほとんど動かないので、筋肉への刺激が少なくなる。このような状態が続くと、筋肉へのブドウ糖の取り込みを促すインスリンの効きが悪くなる「インスリン抵抗性」となり、その結果、血糖値が上昇し、糖尿病になるリスクが高くなるのである。

座りすぎはメンタルヘルスにも影響する。一日十二時間以上座っている人は、六時間未満の人と比べて、抑うつや心理的ストレスを抱えている人が約三倍多いようだ。

カロリーの蓄積が肥満を助長

アメリカのメイヨークリニックの研究グループが面白い研究報告をした。それは痩せ気味の人と肥満気味の人の行動記録を分析して、肥満気味の人は痩せ気味の人より一日平均百六十分間長く座っていることを明らかにした。これは約三百五十キロカロリー、ご飯一杯半分のエネルギー消費を節約したことになる。言い換えるとその分のカロリーが脂肪(約四十グラム)として蓄積(ひと月あたり約一・二キログラムの増量）され、肥満を助長したことになる。

　座業が立ち仕事より健康維持にマイナスに作用していることを示唆した古典的な研究として、一九五〇年代の英国でのロンドンバスの運転手と車掌の虚血性心疾患の死亡率についてがある。座位が主体の運転手の心疾患による死亡率は、二階建てのバスの中を動き回る車掌の死亡率の約二倍であった。

　また、結腸がんと仕事中の姿勢についての調査報告（武庫川女子大学の内藤義彦氏らによる）によると、デスクワーク中心の人の結腸がん発症リスクを一・〇とすると、立ち仕事中心の人は〇・二七、デスクワークと立ち仕事が半々くらいの人は〇・五九であり、立ち仕事を増やすことが結腸がんの予防になるとしている。運動することによって便の大腸通過時間が短縮され、便に含まれる発がん物質と腸の粘膜との接触時間が短くなることががん発症に抑制的に作用していると考えられている。

　それなら、立ち仕事が多い外科医は座業が多い内科医より長命であると明示している疫学調査があるだろうかと、インターネットで調べてみたが見当たらなかった。私の周辺をざっと見渡してみても、内科系か外科系のどちらの医師が長生きしているかははっきりしない。

「大指揮者は早死にしない」という新説を発表したアメリカのアトラス博士が指摘したように、朝比奈隆は九十三歳、トスカニーニは八十九歳、カラヤンは八十一歳で亡くなったので、まずまずの長寿を全うしたと言えよう。アトラス博士は長寿の要因を「一種の精神的充足感と指揮のダイナミックな動きが適度な運動になっている」と分析しているが、納得できる。

先日、ドボルザークの「新世界」を読売日本交響楽団で指揮した炎のマエストロと言われる小林研一郎氏（当時七十九歳）の熱演に間近に接して、まさにその通りだと感得した。

三十分に一度は立ち上がって体を動かす

家で多くの時間を過ごしている高齢者はどうしても座りすぎになりがちなので、三十分座っていたら、とりあえず一度立ち上がって体を動かすようにしたほうがいいと、自分に言いきかせ、また、患者さんにも勧めている。

少ない身体活動や運動不足が喫煙、高血圧に次いで我が国の死亡原因の第三位であることが疫学的分析から示唆されている。運動不足は全身の脳、心、腎、肝などの重要臓器や骨格筋の機能低下や生活の質の低化をもたらし、肥満、糖尿病、脂質異常症、動脈硬化へとつながり、心臓・血管系の疾患を引き起こすリスクを高めるのは明らかである。

厚生労働省によると、二〇一二年の日本の六十五歳以上の高齢者における、認知症有病率推定値は十五％（約七人に一人）、認知症の一歩手前の段階の軽度認知障害（ＭＣＩ）の有病率は十三％（約八人に一人）、認知症と軽度認知障害を合わせると二十八％（約四人に一人）にもなる。

軽度認知障害（ＭＣＩ）の約半分の人は、早足歩きなどの有酸素運動、軽い筋トレ、食生活の改善（野菜や魚を積極的にとり、動物性脂肪や塩分を減らす）、脳トレ、血圧の管理などを行うことで、認知症への進行を阻止することができたと報告されている。

脳の中の特別な神経ネットワークが衰えると認知症が発症することが明らかになっ

ている。このネットワークを結びつけているのが神経細胞である。神経細胞はまわりの血管から栄養と酸素をもらって活動している。この神経細胞や血管に異常が起きると脳内ネットワークの衰えの原因となる。神経細胞を取り巻く細い血管が脆くなって微小出血が生じると、その周辺の神経細胞が次々に死んで脳内ネットワークが障害される。軽度認知障害の脳内にはこの微小出血がぱらぱらと見られるようになり、認知症へと進行するにつれて微小出血は増えてくる。

今、世界中の多くの研究施設では、この微小出血を起こさないようにすることや、微小出血を起こした周辺に新しい血管や神経細胞を作り出す治療法の研究が盛んに行われている。その中で有力な治療法として注目を浴びているのが「早歩き」である。早歩きをすると、傷ついた血管の代わりに、新しい血管を作るように促す物質（血管内皮細胞増殖因子＝ＶＥＧＦ）や、あらたに神経細胞を産み出すのを促す物質（脳由来神経栄養因子＝ＢＤＮＦ）が生産されるというのである。

まだその詳細なメカニズムは充分には解明されていないが、運動が認知機能を高めることは、多くの臨床的・疫学的研究から明らかである。

とにかく私たち高齢者は、いつまでも座ってじっとしていないで、

「動け、さらば救われん」

と自分自身に号令をかけて、今すぐ立ち上がって少しでも動くことである。

年のせいより「プラス・マイナスちょっと」の体調

——加齢に伴う体の変化を検証する基準

それまでなかった症状や徴候が現れたとき、どうしてなんだろうと、いろいろと原因になりそうなことを考える。それでも納得できる結論に達しないと、同じようなことをこぼしている何人もの同年輩の人のことを思い浮かべて、まあ自分の場合も、年のせいなのだろうなと、とりあえず納得することになる。だが、年のせいという曖昧な捉え方の中に、このままにしておくと、とんでもないことになるかもしれない、という一抹の不安が払拭できないまま、心の片隅にうずくまっているのも事実である。

私たちが年のせいにしていることの中には、加齢に伴い、誰にでも起きる不可避な変化だろうと勝手に決めていることが結構ある。年のせいの捉え方は人によってさまざまで、周囲の人たちがそこまでいくと単なる年のせいの範囲を逸脱しているだろうと思うのに、当の本人は年のせいだと頑なに信じていることは、ままあることである。

我が身に起きているさまざまな体の症状や徴候は年のせいか、年のせいより「プラス・マイナスちょっと」の範囲内か、それとも年のせいから大きくかけ離れた異常事態なのか。それを医者としての経験と知識を総動員して見極めようとするのだが、判然としないところがいくらもある。

加齢に影響されない器官はある

私も人並みに膝痛と腰痛の保持者である。膝痛は年のせいの延長線上にある変形性膝関節症と診断されているが、まだ軽症であるらしい。痛みが気になるときには、湿布薬を使用することはあるが、まあ、これくらいは年のせいでしかたがないとして、膝関節をサポートする目的で、スポーツジムで大臀筋、内転筋、大腿四頭筋の筋トレを行っている。

この筋トレが著効をもたらしているという実感を得るまでには至ってはいないが、

悪化することなく経過しているので、それなりの効果が出ていることにして続けている。

腰痛は腰部脊柱管狭窄症に起因するものであると診断されているが、これも軽症であることから、ときどき使い捨てカイロで腰部を温めるくらいで何とかごまかしている。脊柱管狭窄は高齢になれば誰にでも多少は認められるものであり、それが症状を出現させる程度になるか、ならないかの違いだけである。

私の場合、膝痛も腰痛も年のせいよりちょっとだけマイナスに振れた程度ですんでいるのは、僥倖と言わざるを得ない。

つま先から頭の天辺まで、年のせいによると思われる症状や徴候で充満されている中で、加齢にはあまり影響されずに、年のせいよりプラスの状態で健在しているものがいくつかある。

記憶力（過去に体験したことを保持する能力）は、年のせいで大分衰えてきているが、記銘力（新しく体験したことを覚える能力）は、若いころとまったく同じレベルに留まっているとまではいかないものの、それでも一時間程度の講演会なら、話す内容を全部頭の中に入れて、原稿なしで話をすることができるくらいには温存されている。

これは子供のころから人並みより少しだけ優れていた記銘力が、医学生時代の勉強で磨きがかかり、それがこの年になるまでにはかなり減衰したとはいえ、それでも年のせいよりちょっとプラスのレベルには留まっている。

幸いなことに、今のところ聴力の衰えは感知していない。厳格な聴覚試験をすれば加齢による多少の変化が検出されるかもしれないが、日常生活に支障をきたすような聴力の異常は認められていない。居間に置いてある家内のバッグの中のスマホの着信音を、ドアを二つはさんだ書斎からでも聞き取ることができるくらいなので、聴力だけは年のせいより大きくプラスされたレベルにあると自負している。

聴診器十年とも言われているように、聴診法を修得するには優れた指導者のもとで長年にわたりトレーニングを受けなくてはならない。ところが心臓超音波が広く導入されるようになり、聴診法で得られる情報より客観的で精密な情報が容易に入手できることになり、今では循環器専門医ですら聴診法を重視しなくなってきている。

とくに、若手の専門医の間ではその傾向が強い。古参の循環器専門医としては、先祖伝来の脇差を携えている古武士のように、今なお自慢の聴診器を白衣のポケットに忍ばせ、いざというときに備えている。聴力が衰えず、聴診能力がまがりなりにも保持されていることが循環器専門医としての矜持《きょうじ》を保つ要になっているのである。

「もったいない」が洒落気を促す

年をとってくると洒落気が薄くなってくるというが、私の中にはまだ多分に色濃く残っている。若いころから容姿にはことのほか自信がなく、これ以上無様な姿を人様の前に披瀝したくないという見栄が常にあったので、それなりにおしゃれには気を配ってきたからでもある。それに四十代半ばごろから二十年以上にわたって、テレビの健康番組に出演したり、講演する機会が多かったので、いつも人目を気にするようになっていた。

その習性が今でもわずかながら残っているので、今さらどうでもいいと思いながらも、つい身づくろいに気をまわしてしまう。テレビ出演や講演のために整えた衣服が一度か二度くらいしか着ないで、納戸のクロークにぎゅうぎゅう詰めになって吊るされたままになっている。もうこの年では気恥ずかしくて着られないものもあるが、今でも着られないことはないと思うものもあり、何とかそれを着て出かける機会を作らなくてはと、なかば本気で思ったりしている。

これまでは着るのがもったいないとケチの根性が働いていたが、今では着ないともったいないと、いささかやけっぱちの気持ちになっている。こんなことが私の洒落気を、年のせいよりほんの少しだけプラスに向かって後押ししているのかもしれない。

世の中に寝るほど楽はなかりけり

――幸せな睡眠のための小さな努力

「世の中に寝るほど楽はなかりけり、浮世の馬鹿は起きて働く」という江戸時代の大田蜀山人《しょくさんじん》の狂歌があるが、世間をちょっと斜めから見ていて、今でも相通じるものを感じてなかなかに面白いと思う。眠たくてしかたがないのに、寝てなどいられない状況にあったことがこれまでにどれほどあったことか。

医学部の学生時代には、本一冊を丸ごと暗記しなくてはならないような試験が多かったので、試験の前日は一夜漬けの勉強に没頭することが当たり前だった。

医者になりたてのころは、とにかく忙しく、病院に泊るか、夜中に家に帰って三、四時間寝て、すぐにまた病院に行くという、今にして思うと、過労死もあり得るような生活が日常化していた。まともに寝られる夜など週のうち一日か二日もあればいいほうだった。今、医師の過重労働が大きな社会問題になっているが、当時はそのような生活は医師の宿命として受け止めざるを得ない状況だった。

　寝食を忘れるほどの忙しい日々は身体的には厳しかったが、将来の夢を実現させるための不可欠な試練と認識していたし、また、仕事に対する強い使命感があったので、傍《はた》から見るほどには辛いとは思わなかった。救急患者の対応で一睡もできないまま、翌日も平常勤務で、午前中は外来診療、午後は病棟での診療という日が週に三、四回ともなると、さすがに半病人のようになることもあったが。

　そんな時期をようやく過ぎて、大学で教職についてからは、管理当直で病院に泊ることはあったが、一睡もできないほどの激務ではなかった。だが、教授としての学内の仕事が鉄砲水のように流れ込んできたのと同時に、いくつもの学会や研究会に関係する仕事、講演会、テレビ・ラジオの出演、新聞・雑誌からの依頼原稿、医学書や一般書の執筆などが洪水のように流れ込んできていた。

　それらの対応に手を抜いていられるほど自惚れてはいなかったので、すべてに全力で取り組んでいた。ゆっくりと寝ていられる時間がなく、大学受験の猛勉強中でも味わったことのないほどの寝不足感をいつも持っていた。そんな最中《さなか》に、それまで取り組んでいた仕事が一段落ついて、ぽっかりと空いた時間ができて、さあ、今夜こそゆっくりと寝ようと床についたときのことだ。ふと、「世の中に寝るほど楽はなかりけり、浮世の馬鹿は起きて働く」が頭に浮かんできて、ちょっと幸せの気分になったものである。

浮世の年寄り何度もトイレに

ところが、高齢になった今、頭に飛来するのは、自作の「世の中に寝るほど楽はなかりけり、浮世の年寄り何度もトイレに」である。夜中に一度、それも午前二時前後に、必ず目が覚めるようになったのがいつごろだったのかの記憶は定かではないが、多分、中年を過ぎたころからだろうと思う。尿意で目が覚めるというのではなく、たまたま目が覚めたので、とりあえずトイレに行き、口をゆすいでから床に戻るということにしたのが、いつしか習慣になったのである。

それがいつごろからか、目が覚めると尿意を感じていて、トイレに行くという具合になってきた。多分、先行する尿意が刺激になって目を覚ましているのだろう。

たいていの高齢者は夜中に一度くらいはトイレに起きるようになり、中には二度も三度も起きる夜間頻尿の人もいるだろう。トイレに起きたあとすぐに眠られればいいが、眠られずに悶々として朝を迎えた日は、一日中気だるく、元気が出ないと嘆いている人も少なくないであろう。

夜間頻尿を防ぐ昼間の自己トレーニング

夜間頻尿の主な原因は夜間に尿量が増えること（夜間多尿）と膀胱容量の低下である。夜間多尿の原因の大部分は水分を過剰に摂取することなので、そうならないように充分留意すべきである。そのほかの夜間多尿の原因として、一般の人にはあまり知られていないことについて、参考までに少し触れておきたい。

加齢に伴い、体を起こしている日中には、末梢の血管から水分が周囲の組織に漏れやすくなり（血管透過性亢進）、下半身に水分が貯留するようになる。体を横にして寝ると、今度は下半身に貯留していた水分が組織から血管の中へ戻って、循環血液量は増加する。

そうすると、腎臓へも多くの血液が循環してきて、尿が多量に作られることになり、夜間多尿になる。下半身に過剰な水分が貯留しないようにするには、日中に利尿剤を服用して排尿を促進することや弾性ストッキングを着用して下肢に余計な水分が貯留しないようにすることが考えられている。

夜間頻尿のもう一つの原因は、少量の尿しか膀胱に溜められなくなることで、過活動膀胱や前立腺炎、膀胱炎などで膀胱が過敏になるために起こる。過活動膀胱は膀胱に尿が少量しか溜まっていないのに膀胱が勝手に収縮する病気である。これは、脳卒中、パーキンソン病などの脳や脊髄の病気で膀胱の収縮や弛緩のコントロールが利かなくなることや、前立腺肥大症による排尿障害のために膀胱が過敏になることなどが原因で発生することが多いが、膀胱の老化現象のことも、原因が不明のこともある。

睡眠の深さも夜間頻尿に関係する。ぐっすり眠ると水チャンネルであるアクアポリンを介して膀胱の壁から尿が再吸収されて、尿意をもよおさないレベルにまで膀胱内の尿量が減少するが、睡眠が浅いと尿が再吸収される前に覚醒してしまう。夜間の膀胱容量が低下しないための治療法としては、薬（抗コリン薬）で膀胱容量を増大させたり、睡眠薬で睡眠深度を深くする療法がある。また、ウォーキングなどの運動で発汗を促し、睡眠深度を深める方法もある。

「世の中に寝るほど楽はなかりけり、浮世の年寄り何度もトイレに」にならないために、今すぐにでもできることは、余分な水分を下肢に溜め込まないようにすることなので、昼間はこまめに体を動かし、小汗をかくことにしている。これが結構効いているらしく、午前二時の目覚めだけですんでいる。

怒る門《かど》には鬼来《きた》る

――些細なことで怒りっぽくなったら認知症の疑い

高齢になると、滅多なことでは怒ることをしない好好爺《こうこうや》（婆）になる人が多いようである。それは、たいていのことはなるようにしかならない、放っておくにかぎる、今さら腹を立ててもどうしようもない、ならぬ堪忍するが堪忍、逃げるが勝ち、などと怒りが炎上する前に消火する知恵が身についているからであろう。

ところが、もともと穏やかな性格の高齢者が些細なことですぐ腹を立てるようになったら、それは認知症の初期症状であるかもしれない。軽度な認知症の患者さんが怒りっぽくなったと、外来に付きそってくる家族から聞くことがよくある。

身近に怒りっぽくなった人がいたら、その人を注意深く観察してみる。忘れっぽくなっていないか、同じことを何度も言ったり、聞いたりすることが多くなっていないか、料理・片付け・計算などにミスが多くなっていないか、外出時に道に迷って帰れなくなったりしたことはないか、など認知症の患者さんによく見られる症状がいくつかあるようなら、一度、医師と相談することをお勧めしたい。

激しい怒りは突然死を招く

怒ると心臓が速く、そして、強く拍動することは誰でも経験して承知しているだろうが、怒りが致死性の不整脈を誘発することがあるとまで認識している人はそう多くはないであろう。

中年の男性が言い争いをしている最中に突然死亡し、大学で司法解剖が行われたことがある。その結果、突然死の原因となる、心筋梗塞や大動脈破裂や脳出血などの器質的な病変が検出されないことから、致死性の不整脈が死因と推定されたのである。

アメリカのエール大学の研究グループは、植え込み型除細動器（心室細動や心室頻拍などの致死性不整脈を自動的に感知し、電気的刺激を発して治療する機械）が挿入されている患者さんを対象に調査を行い、怒りが致死性不整脈を誘発することを明らかにした。

怒りが直接死につながることを如実に表しているのが「憤死」という言葉である。

憤死という言葉からすぐに頭に浮かんでくるのが世界史で習った、神聖ローマ皇帝ハインリヒ四世の「カノッサの屈辱」と、ローマ教皇グレゴリウス七世の「憤死」である。これは、ハインリヒ四世が、グレゴリウス七世のいるカノッサ城門の前で、破門の取り消しを懇願した「カノッサの屈辱」を忘れずに、のちにグレゴリウス七世を教皇の座から引きずり下ろして、新しい教皇を立てたという歴史的リベンジに、グレゴリウス七世が激怒して「憤死」したという事件である。

誰でも高齢になれば心臓は多かれ少なかれ傷んで弱くなってくる。激しい怒りはそうした弱った心臓に鞭打つようなものなので、致死性の不整脈が誘発され、憤死することにもなりかねないと、折に触れて想起すべきである。

ちょうどいい老い心地

内科学主任教授として勤務していたころは、かなり厳しい教授であったと思う。私が主宰していた内科学教室の主要な担当領域は循環器疾患と血液疾患であった。循環器疾患は心筋梗塞、心不全、不整脈など緊急治療を必要とする疾患が多く、血液疾患は白血病、悪性リンパ腫、多発性骨髄腫など治療の難しい疾患が少なくない。重篤な患者さんが多く入院していたこともあって、当然のことながら、治療に際しては、担当医に厳しく接することがたびたびだった。

また、研究の指導に際しては鬼になることが多かった。私は怒りっぽい性格ではないつもりだが、厳しく対応しているうちに怒りの導火線に火が点くこともあった。そんなときには、期外収縮という不整脈と思われる脈拍の乱れや、一分間の脈拍が百二十回を超しているような頻脈がよく出現していた。

大学を定年退職して教室運営という重責から解放され、週休五日で充実した診療が続けられ、晴遊雨読の生活を許されている今は、テレビのニュースを見て、ときどきは怒りを覚えることはあっても、憤死するほどの怒りにはなっていない。ちょうどいい老い心地を味わっている。

老人閑居して時を愛《いつく》しむ

——人生は自分が主役を演じる壮大なドラマ

「小人閑居《かんきょ》して不善をなす」は、四書五経のうちの四書の一つ、大学の第一章一節に出てくる言葉で、凡人は暇を持て余すとろくなことをしない、だから一生懸命働けという意味だろうと思っていた。だが、原文では「君子必慎其独也、小人閑居為不善（教養や人徳を備えた知識人の君子は、他人の目がなくても必ず慎み深く行動するが、教養や人徳のない、品性に欠ける小人は、一人でいると悪事を犯しやすくなる）と記されており、その意味するところがまるで違うことを寡聞《かぶん》にして知らなかった。

それを知らなかった私は、「老人閑居して不善をなす」と勝手に言い換えて、高齢者が一人で家に閉じこもって暇を持て余して、生産的なことを何もしないでいるのは不善であるとして、微力ながら老務に励んできた。この自作の「老人閑居して不善をなす」は、まあ、それはそれで意味が一本通っていると思って自省の心得としている。

老後の資金不足の不安を軽減させるために

人生百年時代が夢ではなく、現実の世界として眼前に大きく展開しつつある今、これから先の長い人生をどのようにして生きるかを、じっくりと考えてみる必要があると思っている。そこで大した蓄えがない私が、まず気になるのは老後の資金である。

もし、仮に百歳近くまで生きるとしたら、いや、まずそんなことはないだろうとは思うが、もし万が一にもそうなるとしたら、年金と手元の資金で暮していけるだろうかと不安になる。今の身体的、経済的な状態がこれから先も維持されたままで推移していくなら、何とかなるかもしれないが、病気になったり、火災や地震や津波などで住居が被害を受けたりすれば、それに対処するための保険に入ってはいても、それですべてをカバーすることは到底できず、相当な出費になるのは間違いない。

そのほかにも、予知していない出来事が起きて、何やかやと出費がかさむことは容易に推測できる。これらの不安を払拭するには、ジャンボ宝くじの一等でも当たらないかぎり難しいが、少しでも不安を軽減させるためには、出費を極力抑え、わずかでも収入を得ることを心がけるという、至極当たり前のことを地道に実行していくほかはない。

とはいえ、贅沢は敵とばかりに、戦時中のような切り詰めた生活をしようとは思ってはいないし、むしろ、ときには思いきり贅沢をして心を華やかにすることは、高齢者の生命力を高めるエネルギーにもなると思っている。それでも日ごろは無駄遣いを避け、合理的な生活をすることで出費を抑えることは必須の手段である。働くことができる人は、自分に合う仕事を積極的に探して、とにかく職について収入を得て、出費一方の生活に多少なりとも歯止めをかけ、できるだけ手持ち資金の目減りを減らすことである。

下肢の筋トレで転倒予防を心がける

また、「老人閑居して認知不全をなす」は現実にあり得る状況を考えて作ったもので、日常の診療に際して患者さんに警句として伝えている。高齢になるにつれて、活動する範囲が狭くなり、人と交流する機会が少なくなって、次第に独りで過ごす時間が多くなる。そうなるとどうしても家に閉じこもりがちになり、体を動かすことが少なくなる。

　私は週に二日、家からそう遠くないところにある総合病院で外来診療を担当し、週に三回、スポーツジムで筋トレとスイミングをしているので、週のうち五日は外出して体を動かしている。だが、残りの二日間は一日の大半を書斎で過ごすことがほとんどなので、ときには一日の歩数が千歩に満たないこともあり、一日一万歩を提唱している身としては忸怩《じくじ》たる思いにかられる。引きこもりがちの高齢者は毎日このような運動不足になっているわけであり、筋力が衰えてくるのは自然の成り行きといえよう。

　下肢の筋力が衰えると転倒しやすくなる。転倒すれば骨折したり、頭部打撲で硬膜下血腫を起こしたりするリスクも高くなる。そうなれば手術を受け、しばらくは入院することになり、これが契機となって寝たきりになり、そして、認知症へと進展することがそう稀な転帰ではないのが現実である。

私は下肢の筋トレをもう何年も行っているので、それなりに筋力がついているはずなのだが、階段の昇降に際して、若いころはこんな具合ではなかったと思いながら、重い肢を持ち上げている。それでも、転びそうになって、踏みとどまることができたことを最近でも何度か経験していて、筋トレによる成果を実感している。

閑居を続けていると、人とのコミュニケーションが希薄になり、外部から入ってくる情報も少なくなる。すると、大脳への刺激も減り、それに伴って認知機能が低下してくる。まさに、「老人閑居して認知不全をなす」の状況になる。

閑居にはいい面もある。独りでいることでじっくりと自分と向き合い、これまでの人生をゆっくりと見直す充分な時間が持てる。確かに今の自分のまわりには人は少ないが、心の中にはこれまでの人生がぎっしりと詰まっていて、さまざまな場面で多くの懐かしい人たちが自分のまわりに賑やかにたむろしている。あんなことがあった、こんなこともあったと想いを馳せていると、おのずと心が弾んでくる。

まさに人生は自分が主役を演じる壮大なドラマであり、そこには多くの名場面がある。そんな名場面を心に描き出して、じっくりと眺めることは何とも言えないいい心地である。誰にも邪魔されることなく、いつでも想い出に耽ることができるという醍醐味を味わうことができるのは、閑居している大きなメリットでもある。

私たちはややもすれば、目の前の慌ただしく展開している出来事を次から次に処理することに追われて、時間をかけてじっくりと思索することから遠ざかる生活をするようになっている。閑居していれば、自由に使える時間がたっぷりあるので、心にかかっていることを一つひとつ取り上げて、ゆっくりと考えを巡らすことができる。

人生の中締めでもある今こそ、「老人閑居して時を愛《いつく》しむ」に最も相応《ふさわ》しい頃合なのであろう。

第三章　「和顔愛語」を身につける

支える力でありたい

――「和顔愛語」を身につける

　私たちが今、こうして生きていられるのは、多くの人たちの支援があるからであることは言うまでもない。周囲の人たちの直接の支援から始まり、さらにその周辺、そして、さらにまたその周辺へと、支援のネットワークがエンドレスにつながっている。医療や介護のような目に見える支援のほかにも、さまざまな公的、私的な支援を受けているが、それに気づいていないことが多い。気づいていても、それをごく当たり前のこととして安易に受け止めている。

　だが、人から何か物をもらったらお返しをし、お世話になったらお礼をするのが世の常識である。私たちは社会から受けている多くの支援をただ受けるだけではなく、その返礼として、社会を支援するために、それがどんなに些細なことであっても、手を差し伸べることを常に心に留《とど》めておくべきだと思う。

ジョン・F・ケネディは、第三十五代アメリカ合衆国大統領の就任の際の演説の中で、「あなたの国があなたに何ができるかを問わないでほしい。あなたがあなたの国のために何ができるかを問うてほしい」と述べている。

けだし名言であり、権利ばかりを主張し、義務を軽視する風潮が強い我が国の現状に対する警鐘として感受すべきである。社会に対して自分が欲することをしてもらいたいと願うのは自然な心の流れだが、自分が社会のために何ができるかを考える姿勢を堅持することは、成熟した大人の真っ当な心がけである。

高齢者が社会を支援する積極的な方法

高齢者が社会を支援するための積極的な方法は、働くことが可能な心身の条件を備えているなら、何はさておき仕事をすることである。仕事に参加することで、社会を動かしている大小さまざまな膨大な数の歯車の中の、見えないほどの小さな歯車かもしれないが、その中の一つになって社会に貢献していることは確かなのである。

そして、仕事をすることにより得られた収入で所得税を払い、生活を潤すために消費して消費税を払う。これらはすべて国の収入増加に寄与することになる。高齢者が働く効果はそれだけに留まらず、湖面に落とされた小石が作り出す波紋のように、社会の隅々まで小さく拡がっていく。働く高齢者の一人ひとりのパワーは微小かもしれないが、それらが積分されれば絶大なパワーになることは疑いないことである。

外来で診療を担当している七十代半ばの元銀行員の患者さんが、それまでより明るい雰囲気になってきた。その理由を訊いてみると、自宅近くの町工場で梱包の仕事を週に三日するようになったことで、生活に弾みがでてきたからかもしれないという言葉が返ってきた。

「私の年齢にしては、この仕事は決して楽ではないのですが、働いているという実感が何年ぶりかで湧いてきて、悪い気がしないのです。私はまだ働く納税者の一人だと思うだけでも体がしゃきっとしてきます」

私は十二支を七回りした年を越した今も医療に携わることを介して、ささやかながら社会を支える一人としての務めを果たさせてもらっている。このことが加齢とともに緩みが増している精神の箍《たが》を締める力になっていることは確かである。

自分がしたことで喜んでくれている人の姿を見るとうれしくなり、それが次へとつなげる励みになるのが自然な心の容《かたち》であり、ボランティア精神やおもてなしの心の中心にあるものである。近所の親しい人たちに、頂いたものをおすそ分けしたり、手作り料理を届けたりして、人の輪のつながりを穏やかに保っているのは賢明な大人の知恵である。

和やかな顔と愛しみある言葉

気前のいい人は多少、気になる欠点があっても人気がある。それは気前よくすることで周囲の人たちを喜ばせ、自分も喜んでいる明るい性格だからであろう。

母は人にものをあげるのが大好きで、身のまわりのものが人から褒められると、後先のことを考えずにすぐにあげてしまうことがよくあった。母へプレゼントしたものがいつの間にかなくなっていることなどめずらしいことではなかった。こんな性格でよく質屋のかみさんが務まったものだと兄姉たちと母の想い出を語ったものである。

苦難のどん底で呻吟していたとき、周囲の人たちから和《なご》やかな顔と愛《いつく》しみのある言葉、すなわち「和顔愛語」で温かく受け入れられて、そこから立ち上がる意欲と勇気を奮い起こすことができたことが何度となくあった。

高齢者は、若い人からはとかく煙たがられる存在である。ましてや、苦虫を嚙み潰したような顔をして、小言や苦情を始終口にしている人は疎まれてもしかたがあるまい。だが、和顔愛語を身につけている高齢者のまわりには穏やかな空気が流れていて、その流れに引き込まれるようにして、同年輩の人だけではなく、若い人も集まってくる。

私が今、日々の生活の中で最も心がけていることは和顔愛語であり、それを座右の銘にしている。

老いの目力

——口に出しては言えない思いを込める

　ある朝、いつものように五時少し前に起きて、部屋着に着替えて洗面所で顔を洗ったあと、ふと目の前の鏡の中の自分の顔を見て、目に活力がまるで感じられない、死んだような目になっているのにドキッとした。かつてこれと同じような目を、生きる気力を失い、諦念の底にうずくまっていた何人もの人の中に見たことはあるが、自分の目がそれと同じようになっているのを見て、驚きを超えて恐怖を感じた。

　これはいったい、どうしたというんだ、と気を取り直して鏡の中を覗き込むようにして見てみると、もう、そこには死んだような目はいなくなっていた。そのとき私は、心の裏側を一瞬垣間見たように思えて、またぞっとなった。

とくに落ち込んでいたわけではなかったし、気力もそれなりにまだあると思ってはいたのだが、心の片隅に隠れている無常観や積年の疲れが、がたがたになっている年代物の気構えの壁の割れ目から漏れて出て、一瞬、死んだような目になって現れたのかもしれない。そのとき、初めてそんな目をしていたのに気づいたのだが、これが今の自分の素顔の一面だと思うと愕然とした。

そんな暗い私の顔を見れば、人は不快な思いをするに違いない。多くの患者さんと接する医師として和顔愛語（和やかな顔を保ち、愛しみのある言葉で話す）を信条としてきたつもりなのだが、もしかすると、それを疎《おろそ》かにしてこのような暗い顔を患者さんの前でも露呈しているのかもしれなかった。

そのことを思うと暗然となったが、こうしてたまたま自分の死んだような目を垣間見たことが、和顔愛語の意識をリニューアルする機会になった。

目には人間の厚みが投影される

生気に満ちた目をしている人はエネルギーが充満している年齢層に多く、高齢になるにつれて少なくなってくるのは事実だが、驚くほどの生気にあふれた目をしている後期高齢者に出会うこともそんなに稀なことではない。そのような高齢者は、仕事やスポーツや趣味など、夢中になれるものを持っていることが多い。

高齢者を診察していて、人間の厚みが投影されているような、目に力のある人に出会うことがある。そういう人は、今なお大きな責任を背負って仕事をしている人や独立独歩の気概が強い人が多く、胸を張って背筋を伸ばし、堂々としている。そして、いつもは穏やかな優しい目をしているのだが、そこにはいざという場合には、決然と闘う決意がこもっている鋭い目が隠れているような気がするときがある。あれほどの含蓄のある力強い目力をどうしたら身につけることができるのだろうかと、羨ましく思うことがある。

まあ、これは勝手な想像なのだが、そのような目力のある人はしっかりと目を据えて物事を見る習慣が身についていて、自力で問題を解決しなければならない状況のもとにいる人なのではないだろうかと思っている。

感情は表情によって、とくに目によって、かなり忠実に表現される。顔は笑っているのに目は笑っていないとか、目だけが笑っているなどと言われているのも、目が心の動きを如実に反映していることを物語っている。目は心の窓とも、目は口ほどにものを言う、などとも言われているのが本当に思えてくる。

感謝の気持ちで物事を見る

この年になって、口にするのはおこがましいことだが、今、とくに心がけていることは、感謝の気持ちで物事を見ることである。感謝の気持ちでいれば、あえてそのことを口にしなくても、目が自然とそれを表しているように自分には感じられてくる。

それが周囲の人たちにそのまま伝わっているかどうかはわからないが、感謝の気持ちの温もりの一部は感じ取ってもらえているのではないかと思うことにしている。

患者さんを診察しているとき、こんな老医のところにわざわざ来てもらっていることに感謝して対応している。私の目は、その気持ちを患者さんに伝えている目になっているはずである。また、私はごく気軽に「ありがとう」を口にしている。もうそれがすっかり習慣になっている。

これはアメリカに留学していたとき、周囲の人たちがほんのちょっとしたことに対しても、気軽に「サンキュー」と口にしているのを聞いて心地よさを感じ、それを真似て率先して実行していたことが身についたのである。この「ありがとう」の習慣が患者さんを診察するときにも、自然に目で表現しているのではないかと思う。

日々の「おはよう」「こんにちは」「お元気ですか」「さようなら」などのさり気ない挨拶が、その場の雰囲気を明るくしている。その挨拶の言葉の中に、「ありがとう」という気持ちを忍ばせる心意気があれば、幸せの度合いが一気に強化されるのは必定である。

高齢者の「ありがとう」の目が、周囲を和やかにしていることを常に心に留めておくべきであろう。無感動、無意欲、無関心でいると、目から力が消えてしまう。

高齢者が周囲の人に向ける目として相応《ふさわ》しいのは、感謝を伝えている目、エールを送っている目、幸せを願っている目、何とかなることを伝える目、今を存分に楽しんでほしいと願っている目など、なかなか口に出しては言えない思いを込めた目である。

読書は目力をつけるのに役立つと思う。読書は目で文字を拾い上げ、それを大脳へと送り込む作業をしているので、これを続けている人は目で文章を読み、それを一時的に記憶し、前の文章とのつながりを把握する必要がある。そして、文章を理解するためには、語彙や知識やこれまでの経験を大脳から引き出して利用しなければならない。読書中は常にこのような情報処理を無意識のうちに行っているのである。

眼光紙背に徹する思いで読書をすれば、目力は自ずと身につくはずだと思っているのだが、なかなかそこまでにはなれないでいる。そこまで真剣にならなくても、読書を楽しんで続けることで、多少なりとも目力がついて、残生の景色を4Kテレビに近い鮮度で眺めることができるようになるのではないかと、そんな気がしている。

目は口以上にものを言っていることがある。話をしていて、相手が口では「ノー」と言っていても、目では「イエス」と言っていることや、その反対のことも、また、目は笑っていても、心の中では怒っていることもある。高齢になるにつれて、そんなことが当たらずとも遠からずくらいには、見抜くことができる目の力はついてくるものである。

診察の方法の一つに目で見て診察する視診がある。これは、体の隅々まで目で見て、そこに病的な変化が検出されたら、どのような病気の徴候であるかを診断するのである。些細な病変を見逃さない確かな目と、その病変からどのような疾患が考えられるかの鑑別診断ができる能力がなくてはならない。視診の力を身につけるには、優秀な指導医のもとで臨床の現場で時間をかけて、しっかりとしたトレーニングを受ける必要がある。

　だが今日では、超音波、ＣＴ、ＭＲＩなどの高性能の検査設備が大病院にかぎらず一般の医療施設でも利用されるようになり、視診を含む問診、聴診、触診、打診などの基本的な診察法が軽視されがちになっている。これらの診察法に熟達すれば高額な費用がかかる検査の使用頻度を減らし、医療費の削減になるのだが、残念ながらその方向に向かっての動きは見られていない。

年寄りの冷や水、ぬるま湯
——勇躍して新しい世界へ向かう

もう若くはないという思いはあるが、まだそれほどでもないという、思いきりの悪さが心の中をうろうろしている。我ながら不思議に思うのだが、とっくに傘寿を越しているというのに、そのことがちっとも頭の中にチラついていないのである。物や人の名前がすぐに出てこなかったり、体が妙に重く感じられたりするときなどには、年なのかなあ、と思うことがあるにはあるが、そんなときでも、ただ漠然とした年齢であって、傘寿などといった現実的な年齢を想起しているのではない。

こんなふうに思っている私のような高齢者は、診療を担当している患者さんを含めて、私の周辺に大勢いる。

俗に「年寄りの冷や水」と言われるような、いくらなんでも年齢を考えればそれは無理ではないか、と思われるようなことを平気でしている高齢者を見かけることがよくある。

高齢者が井戸端や風呂場などで冬でも冷水を浴びるという、そのものずばりの「年寄りの冷や水」の光景は、今日ではさすがにテレビドラマの中くらいでしか目にすることはまずないが、寒中水泳やサウナ後の冷水浴、それに冬の早朝のウォーキングやジョギングやゴルフなどはそれに近いであろう。

急激に寒冷に晒されれば血圧は急上昇するので、脳卒中や狭心症、心筋梗塞や不整脈などが発症するリスクが高くなる。実際、そのような患者さんを何人も診ている。

張り切りすぎはさまざまな逆効果を生む

学生時代に同じ運動部に所属していた人たちが定年後に同好会を結成して、練習したり、ほかのチームと試合をしたりして友好を深めているという話を聞くことがある。

そんなとき、ときどき耳にするのは、昔取った杵柄《きねづか》とばかりに張り切りすぎて、無理に体を動かして、肉離れを起こしたり、捻挫をしたり、骨折したりすることなどが少なからず起きていることである。

喜寿を少し過ぎたころ、そろそろ潮時かなと気づいて、自宅近くのスポーツジムで長年続けてきたエアロビクスを卒業して、筋トレと水泳に切り替えた。エアロビクスは、インストラクターの振りつけに従って、ビートのきいた大音響の曲に乗って体を動かすもので、一つひとつは単純な手足の動きなのだが、振りつけを変えたものをいくつか連続して行うとなると、体力・記憶力が怪しくなってきている高齢者はスムースについていけなくなる。どう体を動かしたらいいのかわからなくなって、隣の人とぶつかったり、足を絡ませて転びそうになったりする。

そんなことになりそうな気配を感じて、年寄りの冷や水とあからさまに揶揄される前に足を洗うことにしたのだが、今でもエアロビクスには多少の未練が残っている。

グリーン車より各駅停車のローカル列車

年寄りの冷や水とは逆に、年寄りのぬるま湯にどっぷりとつかっている人もいる。

いつもそうしているとは思わないが、私にも少なからずその傾向があるのは間違いない。楽をしてのんびりしているとき、もういい年なんだから、このまましばらく楽を決め込んでいても許されるんじゃないか、と自己弁護する半面、このままではまずいから、できるだけ早く抜け出さなければと焦る気持ちにもなる。

年寄りは年寄りらしく、無理せず安全第一を心がけて静かに生活するのが一番いい、と言われると、それもありかな、と思う一方で、ただそれだけでは面白くないし、それにそんな生活をしていると老化特急列車のグリーン車に乗って、あっという間に終点に着いてしまいそうに思えてくる。

どうせ老化列車に乗るなら、各駅停車のローカル列車の普通車に乗って、途中、気に入ったところで途中下車して、名所旧跡を訪ねたり、美味いものを食べたりしながら、ゆっくりと、しかも刺激に富んだ旅をするような、そんな生活をしたいと願っている。

人生百年時代に突入したと言われている今、定年退職したらすぐに悠々自適の生活をしたいなどと口にする人はそう多くはいないであろう。何しろ、これまで生きてきた半分以上もある後半の人生の入り口に立っているのであり、ひと息いれて英気を養ったら、勇躍して新しい世界へ向かって歩を進めなくてはならないからである。

高齢者が周囲から大事にされすぎて、自分では何もしないような生活をしていると、身体的機能や知的能力の低下する生活不活発病（廃用症候群）になることがある。だが、今の世は、それが幸か不幸かは別にして、高齢者がそんなには大事にされなくなっているので、自分の身のまわりのことは自分でするのが当たり前になっている。

年寄りのぬるま湯につかって、のんびりと自分に優しくするのもときには必要だと思うが、そこに長居しすぎてふやけないように注意しなくてはならないと、いつも自分に言いきかせている。

パソコンは相棒
――「年だから」と諦める前に

パソコンがダウンしたとき自分でできることは、コンピューター本体とパネルとを結ぶコネクターの差し込みが緩んでいたことがこれまでに何度かあったので、その部分を強く押したり、入れ直したりするのがせいぜいで、それが駄目なときは、コンピューター・ウィズと崇めている助っ人にお出ましを請うしかない。

その助っ人は超多忙な税理士で、我が家のささやかな経理の面倒もみてもらっている。私の母校の経済学部の出身である彼は、先輩である私に敬意を払って、時間の隙間をぬっていつも救済に駆けつけてくれる。こう度々ダウンするというのは、どうやらパソコン機器本体が老朽化したための徴候であるらしい。

もういい年なんだからパソコンなどいらないのではないかと言われそうだが、まだもう少しの間は必需品なのである。私がパソコンを使用している主な目的は、タイプライターとして、外部との連絡手段（メール）として、百科事典や辞書の代替として、長い年月をかけて収集してきた情報の管理と抽出として、そして、通販ショッピングの手段としてなどである。

こだわりを捨てて得たもの

大学の教職についていたころ、医学書の編集を担当することが度々あった。ワープロが使われるようになる前は、執筆者から送られてくる手書きの原稿の中には、読みづらい字体のものが多く、判読に苦労することが少なくなかった。だが、ワープロ、そしてパソコンが普及してからは、ほとんどの原稿がプリントされたものとなり、編集作業が楽になった。

ワープロが使われるようになってからも、しばらくの間は、原稿は手で書くものと固執していたが、英文タイプを打てるならワープロは簡単に使いこなせるし、執筆速度が数倍早くなると知人から説得され、それなら物は試しと、ワープロに手を出してみた。

　そして、ひと夏、ワープロと格闘したすえに、自筆で原稿を書くことからワープロへと切り替えた。それから数年間のワープロ時代が過ぎて、やがてさらに便利になったパソコンを使うようになり、もうかれこれ三十年くらいになる。不要になった原稿用紙の多くはメモ用紙として使ってしまったが、何かの記念に贈られたと思われる名前入りの原稿用紙が数枚、机の引き出しの一番下に若いころの熱気を包み込んだまま眠っているように残っている。

　パソコンのキーボードの文字の基本的な配列は英文タイプライターと同じなので、英文タイプを打てる人はローマ字入力をすれば難なく打つことができる。私は学生のとき、タイプライター専門学校で短期間ではあるが正式に教習を受けたので、英文タイプはブラインドでまずまずの速さでかなり正確に打つことができる。これがパソコンを使ううえで大いに役立っている。

　パソコンで文章を書く速度は手書きの何倍も早いうえに、誤字の訂正、文字・文章の削除・挿入・移動、ひらがなから漢字への変換などが即座に可能である。それに、あとになって読み直すとき自分でも判読できないほどの乱雑な自筆と違い、表示される印刷字体の文字はクリアで読みやすい。頭に浮かんでくる文章をすぐにパソコンの画面に描写することができるので話の流れをスムースに進行させることができる。

パソコンがダウンしたときに、とりあえず思いついたことを自筆で雑記帳に書きとめておこうとしても、言葉の動きがぎこちなく、どうにも文章にまとまりがつかなくなる。こうなると、パソコンが私の思考過程の一部に組み込まれてしまったようにさえ思えてくる。

三十年以上かけて収集したデータが消えた日

これまでに何度もパソコンがダウンしてパニック状態になったことがある。今のようにUSBメモリーで文章を保存する以前は、小型のCDのようなディスクが使われていた。乱暴に取り扱ったわけでもないのに、器機に挿入したディスクが取り出せなくなり、苦労してやっととり出したものの、それに保存されていたすべてのデータが再生不良になってしまった。そこには完了間際まで書いた一冊分のエッセイが収められていたので、修復の成否にかかわらず数万円の費用がかかることを承諾したうえで、専門業者に依頼したのだが、結局駄目だった。

また、あるときは三十年以上かけて収集したデータを抽出する検索用のファイルが突然、消えてしまったことがあった。この検索用ファイルはキーワードを打ち込めば、それに関連するすべての記事のタイトルとそれが収められている大学ノートの巻数とページが抽出されるものである。それが消失したとなると手持ちの膨大な資料から必要なデータを抽出することができなくなる。

もしかしたら再度、八十ページの大学ノート八十冊（今は九十二冊になっているが、その当時は八十冊だったと思う）に納められている約六千個の記事のタイトル、キーワード、ノートの巻数、ページを最初から打ち込まなくてはならない。そのことを考えると気が遠くなるようだった。

幸運なことに、救済に駆けつけてくれたパソコンの達人は、いとも簡単に消失したファイルを復活させてくれた。どうやら、私が何かを操作しているときに、このファイルをパソコン内の空間のどこかに追いやってしまったらしいとのことだった。

パソコンの内は私にとってはまさにブラックボックスであり、トラブルが発生したときのための取り扱い説明書は、まるで難解な暗号文のようで理解の限界を超えている。

でも、パソコンは頼りになる私の相棒であり、できるだけ長く私のそばにいてほしいと願っている。

近ごろ気になること

――運転免許証返納で穏やかな日々

近ごろ、新聞やテレビでたびたび報道されている気になる出来事は、高齢者が運転する車の死傷事故と特殊詐欺事件である。バス停や歩道やスーパーの前などの多くの人が集まっている場所に高齢者が運転する車が突っ込んで、多数の死傷者を出す悲惨な事故がたびたび報道されている。そんな報道を耳目にするたびに、無惨にも命を奪われてしまった人があまりにも哀れで胸苦しくなる。

そして、加害者に対しては、どうしてそんなことになってしまったのかと、激しい憤りを感じるとともに、これから先、地獄の業火に焼かれるような日々を送ることになってしまったことに思いを馳せ、やりきれない気持ちになる。事故を起こした人の人生はその時点から、先の見えない漆黒の闇に包まれ、生涯悔恨の激痛に苛まれることになる。このような地獄絵のような事態はテレビドラマの中の架空のことではなく、現実に誰にでも、今すぐにでも起こり得ることなのである。

高齢ドライバーの中には、長年安全運転を心がけ、これまでに一度も大きな事故を起こしたことのない優良ドライバーも多いと思う。そんな優良ドライバーでも、運転中に、ヒヤッとしたり、ハッとしたりしたことが何度もあったのではないかと思う。実は私がそうだった。大難が小難ですんだ交通事故を経験したことを契機に免許証の返納に踏み切ったのだが、そのころの私は近くのスポーツジムに通うぐらいにしか運転していなかったのだが、それでも「ヒヤリ、ハット」は何度もあった。

幸運にも大きな事故を引き起こすことなく、無事に運転免許証を返納することができ、もう車で人を傷つけることをしないですむと思うだけで、穏やかな気持ちでいられる。

車のない生活の処方箋

高齢者が今も車の運転をしている主な理由は、車がないと生活が不自由になるからであろう。確かに、病院へ行くにも、スーパーに買い物に行くにも、市役所や銀行へ行くにも、車がないと不便であるに違いない。しかし、いつまでも自分で車を運転して用を足していられるわけではなく、いずれそう遠くないうちに、運転を諦めることになるのは目に見えている。

　そうせざるを得ない差し迫った状況になる前に、代替の手段について考えておくべきである。車でしか通院が難しい病院を、歩いて行けるクリニックに切り替える、日々の生活必需品を近くのスーパーのネット販売を利用して配達してもらう、近くにいる身内の力やご近所の力を頼りにする、バスや電車の交通機関を多少の不便さを乗り越えてでも利用する、過分な出費に目をつぶってタクシーを利用する、など車のない生活の処方箋はいくらもある。

　私は車を持たなくなってからは娘の車に便乗する機会が増えたが、それ以外にはもっぱらタクシーを利用している。タクシー代もバカにならないとは思うが、めったに長距離でタクシーを利用しない私には、車を維持する費用と比べればそう大した額にはならない。

　インターネット上のＪＡ共済の情報によると、車を所有するのにかかる費用は、車購入費用、ローン金利（ローン購入の場合）、自動車税（年一回）、重量税（車検ごと）、自賠責保険（車検ごと）、自動車任意保険（契約により月払い、年払い）、点検費用（法定点検年一回、法定費用＋整備費）、車検費用（隔年、新車時のみ三年、法定費用＋整備費）、駐車場代（賃貸の場合、毎月）、燃料代、そのほか、整備費、消耗品費（タイヤなど）などがあり、車の購入費、ローン金利を除外した車の年間維持費は、コンパクトカー（一・五Ｌ）で四十四万四千五百四十二円かかるとあった。これに車の購入費、ローン金利を加えれば莫大な金額になる。それを考えると、ときどきのタクシー代など微々たるもので気にすることはないと思えてくる。

　高齢者が自分で車を運転しないですむような社会的システムを構築しようとする方向に進んできているのは確かだが、今すぐにというわけにはいかないのが現実である。車がないと絶対に無理と決めつけないで、代替の手段について、すでに述べたことを含めて、身近な人たちと真摯《しんし》に話し合い、笑ってハンドルと決別してほしい。

人を見たらドロボー、詐欺師と思え

高齢者が詐欺被害に遭ったケースをテレビで見るたびに、どうしてそう簡単に騙されてしまうのだろうかと、地団太を踏む思いになる。とはいえ、そのときの当事者は、誰にでも見抜けるような単純な騙しの話としてではなく、あたかも催眠術にかかったような状態になっていて、本当の話として受け入れてしまうのだろう。

このような特殊詐欺から身を守るためには、嫌なことだが、人を見たらドロボー、詐欺師と思え、と日ごろから用心しなくてはならない。少なくとも、電話でお金やキャッシュカード、預金通帳などに関わる話になったら、たとえ相手が身近な人や信用できそうな人と思えても、いったん電話を切って、周囲の人と相談することに決めておくべきである。そんなことは百も承知と言いながらも、ころりと騙されてしまうのが高齢者の弱点でもある。

夜、拍子木を叩いての火の用心の声を聞くと、火のもとへの注意が喚起されるように、静かな午前中に市の広報車が町内をゆっくりと巡回して、マイクを通して大声で特殊詐欺の警戒を呼びかければ、これを聞いた高齢者はハッとなって気を引き締めるのではないだろうか。

私のところにも、怪しい電話やハガキやメールが何度も来ているが、決して一人で処理しないで家族で話し合うことにしている。でも、相手はプロの詐欺師であり、あの手この手で騙しにかかってくることを肝に銘じて、受話器に向かわなくてはならないと思っている。

本物か偽物か

――疑う力に鋭敏でありたい

日々の生活の中では、本物か偽物かと一々判断して物事に向き合うということはまずない。ほとんどの場合、そんなことなど考えずに、目の前の物事をそのまま受け入れても支障が生じることなどまずない、ということに慣れている。それに、本物か偽物かはたいていの場合、直感でわかるし、もし、はっきりわからなくても、ちょっと怪しいという認識さえあれば、どちらであっても、たいした支障が生じないように対処するのが普通である。私たちの多くは疑うことに鈍感になっているのは確かである。とくに高齢者にその傾向が強い。

物事を疑う感覚を研ぎ澄ます

ＮＨＫテレビ「首都圏ネットワーク」の中の「ストップ詐欺被害！私はだまされない」のコーナーで紹介されている特殊詐欺のケースを見ていて、どうしてそうも簡単に騙されてしまうのだろうかと思ってしまうのだが、相手は詐欺の特訓を受けているツワモノであり、疑うことに慣れていない高齢者は彼らの恰好の餌食である。特殊詐欺から身を守るためには、誰からの電話でも、とりあえず、相手の申し出にはすべて「ノー」と応じて、何事もその場で一人で決めないことにして、すぐに電話を切るべきである。

人気テレビ番組、「開運！なんでも鑑定団」で本物の水晶玉かどうかの鑑定が行われる場面を見た。大小さまざまな槍の穂先のようなとんがった形の水晶の塊を見たことはあるが、提示されたサッカーボールのような大きな透き通った球がはたして本物かどうかなど想像もつかなかった。だが、直感としては偽物ではないかと思った。素人目から見ても、そんなに透明で大きな球に磨き上げられるような水晶が存在するのだろうかと思ったからである。

番組では世界最大の水晶玉として、アメリカのワシントンD.C.にあるスミソニアン博物館にある大きな水晶玉が紹介された。その水晶玉に匹敵するほどのその球は同じようには見えたが、専門家は光の屈折の違いからいとも簡単に水晶玉ではなくガラス球であると鑑定した。

このテレビ番組では書画、骨董などの真偽が専門家によって一刀両断に鑑定されるのだが、その鑑定理由が実に明瞭であることに感心すると同時に、鑑定人の博識の広さ、深さにはいつも驚きを感じている。その一方で、物事の真偽鑑定の難しさを再認識させられてもいる。

研究論文の中に捏造されたデータが含まれていると指摘され、信憑性が失われたことで、論文が撤回させられたケースがいくつか報告されている。個々のケースの詳細を知らないので真偽の言及は避けるが、こうあってほしい、そうであるはずだ、という希望的推測に則したデータを使って論文を仕上げてしまったとしたら、真理を探究する研究者としての道を大きく踏み外したことになり、猛省してほしい。

だが、これで研究者としての道が閉ざされ、社会的に葬られることになるとしたら、それはあまりにも惜しいし、社会的にも大きな損失になる。名誉挽回の機会をぜひ、与えてほしいと思う。

いい人、悪い人を判断するとき

何が本物で何が偽物なのかの定義がはっきりしないまま、本物か偽物かを判断していることが実に多い。あの人はいい人だ、悪い人だと判断するとき、どの程度その人について知っていて、本物のいい人、本物の悪い人と判断しているのだろうか。もちろん、そう判断するに至った多くの状況証拠があってのことなのだろう。だが、それだとてその人のすべてが表現されたものではなく、ごく一部でしかないことや、また、それとはまったく反対の人間性が存在していることが、時と場所を違えた別の次元で明らかになったことを経験している人は少なくないであろう。

また、自分にとっていい人、悪い人であっても、ほかの人にとっては、まったく異なった判断がなされていることも少なからずある。

新薬の効果を判定する際には、通常、本物の薬と見分けがつかない偽薬（プラセボ）を用いて、ダブルブラインドテストが行われる。これは処方する医師も服用する被検者も本物の薬か偽薬かがわからないようにして行われる臨床試験である。処方する医師が本物の薬か偽薬かを知っていると、被検者との対応に違いが出て、プラセボ効果として薬効判定に影響を与えることがあるので、医師と被検者のダブルでわからなくしているのがダブルブラインドテストである。

たいていの偽物は悪者とみなされているが、このテストでは偽物である偽薬が日の目を見る稀な例になっている。

また、本物と偽物が入りまじっていて、その判別が難しいことがよくある。サプリメントの広告にその顕著な例がしばしば見られる。サプリメントに含まれている成分の薬効そのものについての説明は間違ってはいないが、広告で提示された通りの薬効が、信頼できる臨床的検証で証明されたものなのかどうかが明らかにされていないことが多い。

そうなると、サプリメントの成分が標的とする疾患の治療に際して、薬理学的には効果があるとしても、そのサプリメントが実際の臨床の場で効力を発揮できるにはどのくらいの使用量が必要か、標的疾患部位へ着実に到達するのか、など多くの問題点が山積しているようである。中には、広告で指定されている服用量の何百倍も服用しなくては効果がみられないという報告も散見される。

　サプリメントは、臨床医の目から見て、はなはだ疑問に思える点が多々見受けられるのである。たまたま著効がみられた少数例をもって、多くの症例にも同様の効果があるかのように思わせるのが定番の広告手段だが、一般の人はこれを自分にも効くのではないかと信じてしまう。著効をもたらしたケースが捏造されたものとまでは思わないが、効果があるとして処方されると全く薬効がないものでも効果があったと感じてしまう、いわゆるプラセボ効果であったのかもしれないと、疑いの目を向けてしまう。

　もちろん、すべてのサプリメントがそうであるとは思わないが、むやみやたらにサプリメントに手を出すことはしないで、かかりつけ医に一度相談することをお勧めしたい。

私たちのまわりには、本物と偽物、誠と嘘が混ぜご飯のようにさまざまな形で入り混じって存在している。それを承知で、たいていは気にせずに平気で丸ごと受け入れても、ときには偽物を決然として取り除いて対処することが必要であることを、肝に銘じておかなくてはならない。

人生の大団円

——足るを知らないままがいい

人生の大団円を迎えようとしている今、無理なことはきっぱりと諦め、やりたいことで、まだできそうなことにチャレンジしながら、時の流れにゆったりと身を任せてみたいと思っている。

もうどんなに急いでいるときでも、駅の階段は二段跳びではなく、一段ずつ上ることにしているし、下りるときは早足ではなく、手すりのそばをゆっくりと歩を進めることにしている。エスカレーターでは片側に寄ってじっとしている。

シニアの原則は「一日に一つだけ」

外出するときには、一日に一つの用事だけにして、もう一つ用を足すというようなことは原則としてしないことにしている。それは二つ以上の仕事を掛け持ちすると、疲労が翌日以降まで持ち越されるように感じるからである。体力的にそんなに負担がかかっていたとは思えないのに、体の芯に疲れを感じるのは、非日常的な刺激にさらされての精神的な疲れが加味されるからかもしれない。

わがままがきくフレンチ・レストランでは、魚料理か肉料理かのどちらかを抜くか、両方をハーフにしてもらっている。ときどきは、魚料理か肉料理を抜くかわりに、前菜を二通りとることもしている。そうはいっても、誘惑に負けてフルコースを完食することもあるが、そんなときはたいてい、あとで苦しくなって胃薬を飲まなくてはならない羽目になる。情けないことに、もうフルコースを完食するのが無理になっている。

朝型人間である私は、若いころから夜は大の苦手だったが、仕事は昼夜を問わず飛び込んできていて、夜が嫌いなどと呑気なことを言っていられる状況ではなかった。夜中に病院から緊急の電話がかかってくることも稀ではなかったし、研究会や学会関係の委員会が夜に開かれることもあったし、医学書の編集作業を出版社の会議室で夜中まですることも度々あった。大学での本来の仕事は昼間、そのほかの仕事は夜、というのが一つの流れにもなっていた。

大学を退職してからは、夜の仕事がまったくとまではいかないまでも激減したこともあって、夜が苦手な本来の自分が甦ってきた。今では夜の会合はよほどのことでもない限り欠席することにしている。

傘寿を越しても、今やっていることをもうしばらくは続けていたいと思っていることがいくつもある。そういうことは年のことを考えて、そろそろやめたらどうかという思いも、正直、ないことはないのだが、それでもまだもう少し続けたいという欲張った願望のほうがはるかに大きいのである。

天職を全うしたいという思い

週に二回、午後だけ家からそう遠くないところにある病院で高血圧外来を担当させてもらって、もうかれこれ二十年近くになる。高血圧を中心にした予約制の専門外来であることから、長期間にわたって診療を続けている中高年の患者さんがほとんどであり、診療を開始した当初からの患者さんも何人かいる。

診察の際に、患者さん自身の病気に関係することだけではなく、身内の人の病気の相談をされたり、家庭内の不平や不満の聞き役になったり、また、ときには人生相談の相手になることもある。このように患者さんたちとは近所付き合いをしているような気持ちで接することができ、医者冥利に尽きる充実した診療を続けさせてもらっている。

いつまで医者を続けられるかわからないが、天職と心得ている医者の務めを全うしたいという思いが今の私の心の支えになっている。

人と話をするのも好きだが、文を書くのもそれに劣らず好きである。文を書くのは独り言を言っているようなものであり、下手で当たり前と心得ているので気楽に文を綴っていられる。それにここ何年かの間に、お喋りの相手をしてくれていた友人が一人、また一人と話の届かないところに逝ってしまい、手持ち無沙汰で時間と向き合うことが多くなり、駄文と戯れざるを得ない時間が増えてきた。

書くことは下手の横好きで好きなのだが、それなりの文に仕上げようとすると、やたらと時間がかかってしまい、もうこのへんでいいことにしようと諦めてしまうのが、いつものことになっている。こんないい加減な執筆作業が今の私には性にあっているので、当分の間は続けてみたいと思っている。

火、木、土の午前中に、自宅近くのスポーツジムに通っている。ウィークデーの午前中は中高年者がほとんどで、とくに男性は十人中九人までが高齢者である。この時間帯にここに来ている人たちは、仕事の第一線から退いている気楽な仲間という同志的気分でつながっている。

長年続けていたエアロビクスはもう五年ほど前からやめて、筋トレと水泳に切り替えている。下肢の筋トレを中心にマシーンを使って、ちょっときつく感じられる程度の重量を負荷して三十分ほどしてから、プールで平泳ぎと背泳を組み合わせて三十〜四十分ほど泳いでいる。スポーツジムから帰るとほどよい疲れに誘われて、一時間ほどうとうとすることがあるが、これが実に心地いいのである。

このスポーツジム通いが元気の旗印になって、私の心を鼓舞してくれているのは事実であり、これから先もできる範囲でスポーツジムでの運動と人とのコミュニケーションを続けたいと思っている。

　そのほかにも、まだ続けたいことはいくつもあるが、中でも一つのところに滞在する一週間くらいの短い海外旅行は何とかして続けたいと思っている。それも乗り継ぎがないダイレクトのフライトで行き、ホテルだけが決められていて、滞在中はフリーに行動できるツアーがいい。シーズンオフの時期なら国内旅行とそれほど変らない料金で行くことができる。旅は精気を鼓舞する強壮薬のようなものだと思う。

　もう無理だと諦めていることと、まだ何とかできそうだと未練を捨て切れないでいることが同じくらいはある。それは、この年になっても、いまだに足るを知らないままでいるからであろう。

第四章　老いの覚悟

長寿の味方、楽観ハート

――「くよくよ考えないこと」でストレスから解放

子供のころ、学校から帰ってきた子供たちを待ち構えていたのが紙芝居だった。自転車に紙芝居のセットを積んで、拍子木を打ったり、太鼓を叩いたり、ほら貝を吹いたりして子供たちを集め、裏通りの片隅で水あめや駄菓子を売ったあと、二つか三つの連続ドラマの紙芝居を見せるのだが、週に一度来るその日が楽しみだった。当時、大人気だったのが、「正義の味方、黄金バット」だった。

どんなストーリーだったのかは覚えていないが、ハラハラ、ドキドキの連続で、味方が悪者に攻撃され、最大のピンチになったとき、突如、正義の味方、黄金バットが颯爽と現れて悪者を全滅させ、味方を救うというハッピーエンドのストーリーが定番だった。
紙芝居が全盛期のころに子供時代を過ごした高齢者を今、大手を広げて迎えているのは、ご長寿の味方を名乗る、数々のサプリメントや健康食品である。それぞれには、それなりの効能があるとは思うが、はたしてそれが本当に長寿に結びつくのかどうかの実証性は乏しいのがほとんどであろう。長寿者の食習慣は参考になる面も多々あるが、ただそれだけでは栄養面で充分ではないと思われることも少なくない。

今の生活を思いきり楽しむ

長寿の双子姉妹「きんさん、ぎんさん」の姉のきんさんは、「悲しいことは考えんほうがええよ。楽しいことを夢見ることだよ」とテレビのインタビューの中で話していた。ほとんどの長寿者は、長寿の秘訣を訊かれると、たいてい、いの一番に、「くよくよ考えないこと」を挙げるが、これには素直に納得できる。

くよくよ考えないことで、ストレスから巧みに身をかわすことを長年にわたり実行していなければ、過剰なストレスが多くのメカニズムを介して全身の細胞の一つひとつに至るまで悪影響を与え、生来の健全な機能を障害し、ついには生命維持を困難にさせる事態にまでなりかねない。そうなれば、とうてい長生きできるはずはない。長寿の味方は、間違いなく楽観的に物事を捉える思考だと思う。

都合が悪いことが起きたとき、それが傍《はた》から見て、そう大したことには思えないようなことでも、いつまでもくよくよ悩んでいる人がいる一方で、かなり深刻な事態になっていても、やれることはすべてやったし、あとはなりゆきに任せるほかはないと、きっぱり割り切って、それから先のことはくよくよ考えないことにしているという人もいる。

私はどちらかと言えば後者に近いほうで、気にしてもどうにもならないことは、しばらくは考えないことにして、それとは関係のないことに関心を向けるようにしている。そうすることで、最悪の事態にはならずに、難しい局面をどうにかスルーすることができたことが何度もあった。

高齢者の四人に一人が認知症ないしは軽度認知障害と報告されている。これを四人のうちの一人になるかもしれないと悪いほうに軸足を置いて考える人も、また、認知症にならない四人のうちの三人に入るだろうと確率的に考えて、いいほうに軸足を置く人もいるだろう。

私は、医師としてその中間に立って、四人に一人が認知症になるリスクがあることを強調して、認知症予防の必要性を喚起させることに努めている。その一方で、四人に三人は認知症にはならないので、現実を楽観的に捉えて、認知症になったらどうしよう、などとくよくよ考えずに、今の生活を思いっきり明るくエンジョイするように勧めている。そして、私もその通りにしている。

困難の中に好機を見つける

ウィンストン・チャーチルは「悲観論はあらゆる好機の中に困難を見つけ、楽観論はあらゆる困難の中に好機を見つける」と述べたが、なるほど、と納得できることがずいぶんあった。

教授のとき、研究テーマを思いつくと、その研究を誰を中心にして担当させるかを考える必要があった。たいていの場合、その研究テーマを考え出した時点で誰に任せるかは決まっていたが、ときには何人かの候補者から選ぶこともあった。そんなとき、候補者たちに研究テーマを伝え、それに対する彼らの反応を見てから決めることにしていた。

そのときの選抜の一つの目安にしていたのが、ウィンストン・チャーチルが指摘した、あらゆる困難の中に好機を見つける楽観論者であることだった。そして、ほとんどの場合、期待した通りの成果を得ることができた。研究は夢を追う作業であり、楽観論を抱き続けなくては夢に到達することはできない。

大学で多くの若い楽観論者と研究をともにして、さまざまな夢を追うことができた幸せを、今、感謝を込めてしみじみと思い出している。

長寿の仲間入りするためには、内心はどうあろうと、明るく振る舞い、そして、長寿の味方、楽観ハートの友人を大切にすることである。

還暦のころ

――定年後の上手な年のとり方

還暦はもう二十年以上も前に通過しているのだが、その当時のことをときどき思いだすことがある。

この間、ひょんなことから還暦を迎えたときのビデオを見た。これは主宰していた大学の内科学教室が中心になって開催してくれた還暦を祝う集いのときに撮られたもので、懐かしい人たちと再会して久闊《きゅうかつ》を叙しているような気持ちになった。

だがそこには、乾杯の音頭をとってくれた母校の先輩教授、地域の医師会でお世話になった医師、長い間診療を担当していた患者さん、半世紀以上の付き合いだった親友、出版社の編集者、医療機器メーカーの担当者などの今は亡き人たちが何人もいて、寂寥とした気分にもなった。

だが、還暦を迎えたころの私は、ほとんどの人がそうであるように、赤いちゃんちゃんこに赤頭巾でおとなしく収まっていられるような呑気な立場にはいなくて、まだまだやらなくてはならないことが山積していた。それに六十歳という年齢が自分の人生の中でどの辺に位置しているのかが判然としていなかった。

その当時は、まだ人生八十歳と考えられていたので、残りの四分の一の入り口あたりにいることになるのだが、正直なところ、せいぜい人生の半分くらいのところにいるような気がしていた。表向きには、もうこんな年になってしまったと殊勝にも弱気な面も披露してみせてはいたが、本音は余裕綽々《しゃくしゃく》で、まだこれから一旗も二旗も揚げられる気力も体力も矜持《きょうじ》も堅持していた。

そのころは、研究の中心に置いていた虚血性心臓病を心電図を通してどのように理解すべきかという視点に立って、千三百件にものぼる文献的考察を含めて、『冠動脈疾患の心電図学』（医学書院）という専門書の執筆に従事していた。

また、大学においては、五年後の定年までに、医学博士号の取得を希望し論文提出の資格を有していた二十名ほどの医局員全員に博士号を取得させることを、教授としての最後の仕事に決めていた。そのスケジュールとして、彼らが三年間で研究を完成させ、一年かけて論文を作成し、それを循環器専門誌に投稿し、掲載が採用されるまでを一年とした。そして、綿密な計画を立て、定期的に研究の成果・進捗状況を報告させ、私の検閲・指導を受けさせることにした。

この計画を厳格に実行したのだが、それは生易しいものではなく、医局員と私との苛烈を極めた格闘技のようなものだった。こうして作成された論文のほとんどは英文にされて循環器専門誌に掲載され、全員が医学博士号を取得することができた。

孤立した老人にならないために

この論文作成作業の合間をぬって、定年後の人生をどのように生きるかについての私自身の心構えを『定年の身支度』（青春出版社）、『定年ちょっといい話　閑中忙あり』（集英社文庫）としてまとめた。この本の執筆を通して得た定年の身支度は、その後の私の生き方の貴重な指針となった。

その中でも、今なお心に留《とど》めていることは、生きがいを持つこと、孤立した老人にならないために良好な人付き合いを保つこと、上手に年をとることなどである。

高齢者が生きがいを感じることが薄れているというのは、そんなに稀なことではないだろう。だが、生きがいがないままでいると、心の芯に力が入らず、虚無感に見舞われたり、所在なさを感じたり、うつ状態になったりすることがある。

生きがいとは、やるべきことがあるという自覚のもとに生まれる希望である。定年退職と同時に悠々自適の生活に入るという選択肢も当然あってもいいと思うが、これは高速で走っていた車が急ブレーキをかけるようなもので、その衝撃は予想以上に大きく、ときには致命的な事故にもなりかねないことも考えておく必要がある。

そんなことにならないために、定年後はしばらくの間、半労半遊くらいに減速して、体を慣らしながらそれから先の生き方を考えてみるのが賢明だろうと思う。今も私はその生き方を継続し、仕事にも遊びにもささやかながら生きがいを感得している。

孤立した老人にならないために、周囲の人たちと友好的なコミュニケーションを保つことが不可欠であることは言を俟《ま》たない。とくに、近所付き合いは大切にすべきである。ここで留意しなくてはならないのは、どのような親密な付き合いであっても、親しき中にも礼儀あり、を肝に銘じておくべきであることだ。そして踏み入ってはならない境界線をしっかりと認識しておくことが大切である。身近な人ばかりではなく、なかなか会う機会のない遠方にいる友人とも、電話やメールや手紙を介してコミュニケーションを継続することで心の安らぎを得ることができる。大分少なくなってしまった遠方の友人たちと、細々ながらでも連絡を取り合っていることが、心の隙間をふんわりと被ってくれている。

「青春」は若者だけのものではない

上手に年をとるには、常に自分の体をベストの状態に保つ努力をすることである。高齢になれば体のあちこちに軽重さまざまな支障が出てくるのはしかたがないが、その状況の中でのベストを保つことを心がけることである。ベストを目指す意欲が何より大切だが、さらにかかりつけ医の有力な助言が加われば心強い。自分の健康管理を信頼して任せられるかかりつけ医を見つけることは、上手に年をとるうえでの決め手になる。

私はリウマチ性多発筋痛症か、まだ日本語の診断名のないＲＳ３ＰＥ（Remitting Seronegative Symmetrical Synovitis with Pitting Edema）という自己免疫疾患に罹患していることから、健康管理を兼ねて母校で定期的に後輩の専門医の診察を受けているし、また、年に一度、古巣の杏林大学病院で人間ドック的検査を受け、かつて私のもとで医局長をしていた医師（現准教授）からいろいろとアドバイスを受けている。

ふと、サムエル・ウルマンのあの「青春」の詩の一節を思い出すことがある。

「青春とは人生のある期間ではなく、心の持ち方をいう。薔薇《バラ》の面差《おもざ》し、紅《くれない》の唇、しなやかな手足ではなく、たくましい意志、ゆたかな想像力、炎《も》える情熱をさす。青春とは人生の深い泉の清新さをいう」

この詩を心の空間に浮かべると、日々の生活の中からは聞こえてこない、明るい力強い声が聞こえてくるような気がする。そして、たくましい意志、ゆたかな想像力、炎える情熱を手にすれば、生命力に漲《みなぎ》る日々を送りながらこれから先、上手に年をとることができそうに思えてくる。

変化に乗ろう

——彩りある人生のために必要なこと

「方丈記」の冒頭に「ゆく河の流れは絶えずして、しかももとの水にあらず。よどみに浮かぶうたかたは、かつ消えかつ結びて、久しくとどまりたるためしなし」とあるが、それ以上に、今の世の中の動きは目まぐるしく、それにどう対応するかの判断に迷うことがしばしばである。この年になって、今さら時代の波に乗るなんてことには、心身ともについていけないと思う反面、これから先、どれくらい持ち時間があるかはわからないが、このまま時代の流れに乗れないままでいるのも面白くないな、という気がしないでもない。

「唯一生き残るのは、変化できる者である」

スマホは若年層を越えて中年層にまで広く行き渡っており、さらには高齢者層にもじわじわと入り込んできている。スマホについてまるで知らないガラケー族の私には、想像もつかない世界とのつながりを持っているスマホ族の人たちは、近くにいると、疎《うと》ましくもあるが、ちょっと羨ましくもある。

家内は娘たちに勧められてスマホに手を出し、半年以上悪戦苦闘したが、今ではどうやら若い人の半分くらいの力量では使いこなしているように見える。私はスマホには興味がないし、それを必要としてもいない。それはスマホの機能の中で私が必要としているものは、ガラケーやパソコンにあるからである。

週に二日、仕事で外出する以外は、たまには家内と外食や観劇で出かけることはあっても、ほとんどの日は自宅で過ごしているので、パソコンがあれば充分こと足りるし、今のところスマホの必要がない。そんなことを口にしていると、娘たちからはスマホのメリットが次から次に飛び出してきて、あげくのはてに、ボケ防止になると留めを刺されることになる。ボケ防止は私の職域範囲内のことでもあり、それなりの手をつくしていると反論しても、私の認知機能の衰えを日ごろから目にしている家族の者たちには、それだけでは充分とは思えないらしい。

今のところその気はないのだが、騙されたつもりでスマホの世界を覗いてみるのも悪くないかもしれないと、ダーウィンが言った「最も強い者が生き残るものではなく、最も賢い者が生き延びるのでもない。唯一生き残るのは、変化できる者である」を思い浮かべている。

私は何度かそれまでの生き方を大きく変えたことがある。その一つは、大学に入ってすぐに柔道部に入部したことである。

私は子供のころから運動は大の苦手で、中学・高校を通して、学校の体育の授業も嫌々していて、何かと理由を作っては見学していたという体たらくだった。そんな私だったが、こんなことではいけない、もっと心身を鍛えるスポーツをしなくてはいけない、という思いが、多分、いつも意識下にはあったのだと思う。

大学に入ってすぐに親しくなった友人から柔道部への入部を勧められたときには、

柔道などは論外だと思った。だが、稽古をしているのが自宅から歩いてすぐそばの赤坂警察署の道場と聞いて、ただちょっと見るだけならと勧められるままに軽い気持ちで出向いた。

ところが、見ているだけでは面白くないだろうと、柔道着を渡され、受身の稽古をさせられ、帰るときには次の稽古日を告げられ、そのまま入部する羽目になった。まるで騙されて入部したようなものだったが、これまでの柔弱な自分を変えたいという潜在的な願望と相通じるものがあったのだと思う。

柔道を始めてからの生活は一変した。病的なほどの潔癖症だったのに、家族が驚くほどに無頓着になり、汗臭い柔道着を平気で着ていた。食欲が増し、五十キロ台だった体重が六十キロ台、七十キロ台へ、そして、ついには八十キロ台へと増加していき、体力もついた。医者になってからの過酷な体力勝負にも充分耐えられるようになったのも、柔道をしたためだと思っている。

生活に新風を吹き込ませる

自分がまったく知られていない環境に入って生活をすることになったとき、それまでの自分を反省をこめて清算して、こういう自分になりたいとゼロからやりなおしてみようとチャレンジしたことが何度もあった。アメリカへ留学したとき、帰国して地方の病院へ出向したとき、新設医科大学に赴任したとき、大学を定年退職して地域の病院へ非常勤で就職したときなどがそれだった。

これは役者が配役された人物になりきって演技するようなもので、初めのうちはぎこちなく思うことはあっても、次第にそれに慣れてきて、ごく普通に振る舞えるようになる。周囲からも期待していたような反応を感じ取れるようになった。こうして大変身することを何度も繰り返してきたことで、彩りある人生を歩んでこられたと思っている。

高齢の身にはこれまでのような大変身をするだけの充分な気力や体力はないものの、それでもこのまま漫然と日々を過ごしていくのは面白くない。ちょっとしたことでも新しいことをして、生活の中に変化の風を吹き込ませることにこだわっている。

口惜しきことのみ多かりき
――諦めて納得することも一つの知恵

　これまでに、耐えられないほどの口惜しい思いをしたことがいくらもあったはずなのに、今ではそれが、そんなこともあったな、ぐらいにしか記憶に留まっていないものが多い。でも、あの口惜しい思いはあのあと、いったいどこへ向かって、どうなったのだろうかと思うことはある。時間が経つにつれてだんだん小さくなって意識の下に隠れてしまったものもあるだろうし、新しい力を生み出す燃料になったものもあったと思う。

　今でも口惜しい思いが、「今度こそは」と次に向かってチャレンジすることにつながることもないことはないが、ほとんどの場合は、「口惜しいけどしかたがない、諦めることにするか」ということになる。

話をしていて、つい数分前まで確実に頭の中に存在していた人や物や場所などの名前がすぐに出てこないで、一瞬話が途切れそうになってあわてることがある。講演では、原稿なしのフリーハンドで一時間でも二時間でも話すことができたのだが、最近では万一に備えて、話の要旨を記したメモを上着の内ポケットに忍ばせることにしている。

あれほど記憶力には自信があったのに、たったこれくらいのことを記憶するのに自信が持てなくなったのは口惜しいが、まあ、年のせいでしかたがないのだろう、と思うことにはしている。だが、いまだにそれに納得がいかないでもいる。

もしもあのとき……

これまでを振り返ってみて、もしあのとき、ああではなくこうしていたら、その後の人生は大きく変っていて、今よりもっと充実したものになったかもしれないと、そうしなかったことを口惜しく思うことが、言い出したらきりがないほどある。

私と同年輩の人の息子さんが、長年勤めていた会社をリストラされた。彼は、その大元の理由が、会社の学閥の中に入っていなかったせいであり、その学閥の大学に入れなかったのが、大学入試で英語の穴埋め問題のたった一問ができなかったことだと言うのである。

息子さんが、もし、あの問題さえ正解していたら、確実に希望する大学に合格していただろうし、そうなれば会社の学閥の中に入って着実に昇進し、こんなリストラの憂き目にも遭わずにすんだだろうにと、リストラされた口惜しさを、風吹けば桶屋がもうかる的な冗談話で紛らわせていたのである。

人生、そんな単純なものではないとはわかってはいるが、もし、あのときああしていれば、と思って諦めて納得することも、自己防衛のための一つの知恵なのだと思う。

最近、今まで簡単にやれたことが、うまくやれずに口惜しい思いをすることが増えてきている。

ペットボトルの蓋などちょっとひねれば簡単に取れたのに、今では指先にかなりの力をこめないと取れないことがある。一度トライして駄目で、少し休んでから、今度は満身の力を指先に集中してようやく取れる、ということが稀ならずある。ペットボトルと格闘しているのを見かねて、小学生の孫が指先でちょっとひねって開けてくれるのだが、うれしくもあり、口惜しくもある。

指先強化トレーニング用のワイシャツ

ワイシャツの首のところのボタンがホールにはめづらくなったのは、もう何年も前からである。ワイシャツの胸のボタンはそれほど苦労しないではめられるのに、首のところだけがなかなかはめられないのである。指先の力が弱くなったことが主な原因であることはわかってはいるが、それ以外に、胸のボタンホールは縦になっているので開きやすくボタンが入れやすくなっているのに、首のところのボタンホールが水平になっているために開きにくくなっていることにもよるのだと思う。

これはボタンを外れにくくするためなのだろうが、同時にボタンをはめにくくもしていると製造側は気づいていないのだろうか。とにかく首のボタンホールを押し広げるのが大変で高齢者には悩みの種になっている。

そこで、首のところをボタンではなくホックにしてもらったことがあるが、これもはめるのが意外に難しいうえに、すぐにはずれてしまう。結局、首のところのボタンははめずに、ネクタイをきつめにしめることでごまかすことにしている。

また、最近のワイシャツ、とくに外国製のワイシャツのボタンは厚みのある小さくて丸っこいものが多く、しかもボタンが下の生地と隙間がないほどぴったりと縫いつけられており、そのうえボタンホールが小さくて硬くて開きにくい。これが指先の力が弱っている高齢者の指先強化トレーニング用に開発されたワイシャツなのだとしたら、優れものとして推奨したいほどである。

目標に向かって長年努力をしてきたのに、ついに目標に達することができないままになってしまい、口惜しい思いをしているものがいくつもある。中でも、とくに口惜しく思っているのが、失敗に終わったフランス語学習である。

フランス語を勉強しようと思ったのは医学部専門課程の二年か三年のときに、精神科の講義で教授がときどきフランス語を口にしていたことから、もしかしたら将来、フランス語の文献を読むことも、また、ひょっとしたらフランスへ留学することもあるかもしれない、などと思ったからである。そこで一念発起して日仏学院に通ったのだが、授業についていけずに短期間で辞めてしまった。

　それでもリンガフォンにチャレンジしたり、フランス語のテキストブックで中級のレベルまでは独学したので、そのときは医学論文くらいのやさしい文章なら辞書と首っ引きで何とか読めるくらいまでにはなった。でも、フランス語の勉強に充分な時間をさいていられるほど医学部の勉強は生易しいものではなかったので、フランス語から遠ざかる期間が長くなり、やがてフランス語の知識は壊滅状態になった。

　そして、これはまずいと気づいて再度フランス語にチャレンジすることになるのだが、ある程度のところまできたところで、またもや中断することになる。このようなプロセスがこれまでに何度か繰り返されてきたのだが、結局、フランス語はものにならずに終わってしまったのである。

　そして、ついこの間、ずうっと手元に温存していたリンガフォンやテキストブックなどフランス語に関するものはほとんど捨ててしまった。でも、あと一度くらいはパリへ行く可能性もまったくないとはいえないと思って、未練がましくも、旅行用のフランス語会話の小本と辞書だけは捨てずに本棚の隅に置いてある。

林芙美子は「花の命は短くて、苦しきことのみ多かりき」とうたっているが、今の私は「人の命は短くて、口惜しきことのみ多かりき」といった心情である。

怠惰に過ごす日があってもいい
――何事もほどほどを心がける

　若いころは、魚が川の流れに逆らって泳いでいないと流されてしまうように、何もしないでいると落ち着かなかった。だが、今は小さな池で水草の中でじっとしている小魚のように、何もしないでぼうっとしていることに心地よさを感じることがよくある。だが、因果なことに、そんな気持ちのすぐそばには、そんなことをしていてもいいのかなあ、という貧乏性が居座っている。

　このところ、寝不足が何日も続いているときのような気だるい疲労感につきまとわれている。週休五日でたったの二日、それも午後だけしか働いていないし、執筆といってても、それで疲れるというほどのことではないとなると、疲れの原因として考えられるのは、週に三回、午前中の二時間（実際には、ジャグジーに入ったり、シャワーを浴びたりしているので、せいぜい一時間半くらいだろうとは思う）、スポーツジムで筋トレと水泳をしていることである。

このスケジュールはもう長年続けているし、最近ではそれも手抜きをすることが多くなってもいるので、さほど激しい運動をしているようには思えないのだが、それでも情けないことに今の私にはかなりの運動量になっているのかもしれない。

現役時代との体力の違いを自覚する

働き盛りのころの疲れにはずしりとした重量感があって、地獄に引き込まれそうな疲れのときがあったが、それもひと晩ぐっすり眠ればすっきりとれていた。だが、今は大した仕事をしているわけではないのに、ねっとりとした疲れが体にまとわりついて、なかなかとれないときがよくある。

大学病院で内科学教室を主宰していたころは、とにかく忙しかった。百床近い入院ベッドと救命救急センター内のＣＣＵ（冠動脈集中治療室）の診療と外来診療の統括的指導と運営、学生への講義、研究活動の指導などが主要な仕事だったが、そのほか、いくつもの国内外の学会や研究会の理事や評議員としてその運営にも関与していた。

その当時、私の一日の持ち時間は二十四時間ではなく二十時間だと思っていた。それは、自宅と大学間の所要時間は電車とバスを利用して片道二時間、往復で四時間だったからである。

朝、五時半に家内に車で駅まで送ってもらい、地下鉄千代田線直通の常磐線の始発電車に乗って新御茶ノ水駅で降り、長いエスカレーターで地上に出て、目の前の御茶ノ水駅で中央線に乗り換えて三鷹駅へ出て、そこからバスで大学へ七時半に着く、というのが通勤コースだった。大学までの二時間のうち電車は座れたのでたっぷりと仕事ができた。サムソナイトの大きなアタッシェケースの中には、書きかけの原稿、校正中の原稿、筆記道具一式、何冊もの循環器専門誌、読み終わったら捨ててもいい資料、文庫本、弁当などをぎっしりと詰め込んでいたので、そのときどきの気分で仕事ができた。

大学に着いて部屋でひと息入れたあと、八時からの一時間は、四つある研究班の一斑が決められた曜日に研究報告のために私の部屋に集合していた。そして、九時からは、教育、診療、研究の仕事が音を立てて始動した。

忙しいことは苦にならなかったし、快感さえ覚えることもあったくらいだが、一方、ときどきは、現実の作業から隔離された時間の中で過ごしたいという欲求にかられて、執筆する空間への一時的な逃避行を実行していた。周囲からは、あんなに忙しくしているのに、いつ一般向けの本を書いているのかと訊かれることがあった。それは仕事と仕事の隙間をできるだけ少なくすることで、空き時間を作るようにしたからである。

こんなこともしていた。一週間のうちの特定の日に仕事を集中させることで、半日分の空き時間を作ることができた。ある一日は、午前中に外来診療、午後は病棟の教授回診、夜は医局会と研究会にと、息つく暇もないほどの連続だった。そんな荒業《あらわざ》を難なくこなせたのは還暦のころまでで、それ以降はその翌日まで疲れがずしりと残るようになった。今そんなことをしたら、何日間も寝込むことになるに違いない。

疲れがとれないときの対処法

近ごろは、人に会ったり、外出するなどの非日常的なことをすませて家に帰ってくると、疲れがじんわりとにじみ出てくるのを感じるようになった。疲れとしては重量感もなく、少し休めばすぐにとれそうに思うのだが、翌日まで疲れが持ち越されることもある。そこで、何か特別なことを企画するときには、一日に一つにして、しかも、それが連日にならないように、何日間か日をおいて予定を組むことにしている。

疲れてもゆっくり休むことができなかった若いころとは違って、疲れたら誰からも文句を言われずに、いつまでも休んでいられる今は極楽である。忙しいことは今でもそんなに嫌いではないが、音楽を聞いたり、本を読んだり、テレビを見たり、うたた寝をしたりなどして、ゆったりとした時間の流れに身をまかせていられることが今の私には至福に思える。

何事もほどほどに、が私の生活のモットーになっている。

老いの覚悟

——確実に手にしている時間は「今」

　高齢者の心の底には、もうそう長くは生きられないという厳然たる事実を容認する覚悟が、人それぞれの容《かたち》で端然と存在している。そこで、今をどう生きるかが人生の晩秋の彩りに大きな影響力を持つことになる。親族や旧知の人が一人、また一人と逝くのを見送っていると、心の芯が寒風に晒され、荒涼とした寂しさと虚しさで身動きができないほどになる。

　このような心境から逃れるためには、その人のことを思い出さないようにするしかない。だが、ときにはその人と過ごした日々の想い出にとっぷりと浸ることも喪失の虚しさを鎮めることになる。

どのような状況にあろうとも、人は自立の気構えだけは堅持しなくてはならない。実際には、人の世話になるにしても、その中で少しでも自分ができることがあれば自分でして、どうしてもできないことだけを世話になるという謙虚な姿勢を保持することは、人としての基本的な矜持である。

高齢であることはごく普通の状態であり、特権でもなんでもない。高齢であることで優遇を受けることがあれば、ありがたく感謝してその厚意に甘えるのはよしとしても、高齢であることがあたかも特権であるかのように、優遇を当然なこととみなしたり、それを催促するような振る舞いは論外と言わざるを得ない。

高齢とはいえ元気なうちは、支援を必要としている人たちに進んで支えの手をさしのべる気構えでいたいと思う。

シルバーシートで席を譲った高齢男性

先日、電車のシルバーシートに座って何駅か過ぎたとき、私より少し年上と思われる、少し疲れているように見えた男性が乗ってきて、私の斜め前に立った。私は席を譲ろうと思ったが、私の両隣に座っている人はまだシルバーシートに座るには若すぎる人なので、高齢の私が席を譲るのは、いかにもあてつけがましい行為ではないかと一瞬ためらわれた。両隣の人はちらっとその高齢者に目を向けたが、席を譲る気配はなかった。

そこで意を決して立ち上がろうとしたとき、前のシルバーシートに座っていた私と同じくらいの高齢の男性が、

「さあ、どうぞ」

と言って、その高齢者に席を譲ったのである。そのとき私は、すぐに席を譲らなかった優柔不断さを恥ずかしく思いながら、席を譲った人に畏敬の念を抱かないではいられなかった。

功成り名を遂げた高齢者が不祥事を起こしたり、暴露されたりして、マスコミに大々的に取り上げられ、大衆のさらし者にされている光景をテレビや新聞や週刊誌などで目にするたびに、どうしてそんな晩節を汚すことになったのか、と唖然となる。

また近年、高齢者の車の運転による死傷事故が急増していて心が痛む。死傷事故を

起こした高齢の元高級官僚が、うちしおれた姿で現場検証に立ち会っている姿をテレビで見て、被害者とその家族への憐憫の情とともに、加害者の償うことができない罪への悔恨の深さがいかばかりかと、やりきれない気持ちになった。

高齢のドライバーは誰でも、自分の運転技能が衰えてきていることに気づいているはずである。よほど注意をしないと事故を起こすかもしれないという不安を抱いていると思う。今すぐ運転免許証を返納して運転をやめるか、このままもう少し運転を続けるかで迷っている人は多いことだろう。事故の現場検証に立ち会った元高級官僚の姿を見た人の中には、運転免許証の返納をさらに真剣に考えた人は少なくなかったのではなかろうか。

車が生活を支える大きな力になっている高齢者の家庭で急に車がなくなれば、日々の生活に多大な支障が生じるのは間違いない。それでもそろそろ車のない生活設計を立てなくてはと思っても、同じような年齢の人が何人も平然と運転しているのを見ると、自分もまだ大丈夫だろうという気になってしまう。

これは「赤信号、みんなで渡れば怖くない」と同じ心理で、そこには底知れぬ危険が潜んでいる。ほとんどの高齢ドライバーは、自分は絶対に事故など起こさないと思っているのだろうし、多分、事故を起こさない確率は高いとは思う。だが、現実に事故を起こした高齢者は事故を起こす前は、自分は絶対に大丈夫だと信じていたに違いないのである。

私は小さな事故を契機に、家内と一緒に運転免許証を返納した。車のない生活は以前と比べて不自由ではあるが、何とかやりくりして、今ではもうすっかり車のない生活が当たり前になっている。それに、もう車の運転で人様を傷つけることはないと思うと気楽な心地になる。

車を運転しないと覚悟したことが私の運命を穏やかな方向に導いてくれたのは確かである。

重役も退職すればただの人

年をとり仕事の第一線から退いても栄光のキャリアの呪縛から抜けきれず、現実の生活に馴染めない無器用な人が少なくない。キャリアへの誇りは心奥に大切に秘めておくもので、表面にさらけ出すものではない。「神童も二十歳過ぎればただの人」という言葉があるが、それと同様に「重役も退職すればただの人」である。会社の中でどんなに高い地位にいた人でも、退職して一般人になったら、もうただの人なのである。

　このことをしっかりと覚悟している人は満たされているように見えるし、「私を誰だと思っているんだ」と幻の栄光のキャリアを盾にしているような人からは偏頗《へんぱ》な人間の臭気が漂っているように感知される。

　人生の締めくくりの時期を迎えている私たち高齢者は、いつなんどき「はい、それまで」と試験時間の終了が宣告されたときのように、人生を閉じることになるかもしれないと覚悟しておかなくてはならない。私は日ごろからそう自分に言いきかせている。

　もう、くよくよ悩んだり、考えたりしないで、自分の好きなことを好きなだけすることにして、とにかく今という時間を思いっきり楽しもうと覚悟し、実行することにしている。確実に手にしている時間は今しかないのである。

人生のリサイクル

——老いてなお、明るく堂々と生きる

定年退職とともに、それまでの人生の大半を過ごしてきた仕事社会と決別して身一つで家庭に戻ってきたが、体の中にはこれまでの長い人生経験の中で、築き上げ、磨き上げた、まだ充分使い物になる知識や技術が充満しているという自覚はあった。

それらを満足に使いきれないまま長らく放置してきたために、もう使い物にならない、がらくた同然なものばかりだと思い込んでいる人もいるのではないだろうか。だが、それらの中にはまだ充分リサイクル可能なものが必ずあるはずであり、それをそのままにしておくにはあまりにもったいない。

体調に問題がなければ、再就職してリサイクルできる知識や技量を存分に生かすこ

とを考えてはどうだろうか。人生百年時代を迎えた今は、働けるうちは働くことが推奨されている。仕事探しは友人・知人の伝《つて》を使うことはもちろん、人材派遣会社を利用するもよし、また、ハローワークで相談したり、パソコン上でのウェブ検索でも可能である。

仕事をしたい気持ちはあっても、自分に合う仕事がなかなか見つからないとこぼす人がいるかもしれない。確かに、定年退職後の再就職となると、希望通りにはいかない面が多々あると思うが、これが今、自分が置かれている現実の一面でもあると認識して、寛容に対応するゆとりを持つことも必要である。

社会に恩返しをすることで自分も元気に

大学病院の主任教授から一介の非常勤医師として、地域の病院で外来診療を担当することになり、職場環境が一変した。だが、これは予想内のことであり、新しいことへの挑戦と捉えて楽しむことにした。私には長年にわたる臨床医としての経験が詰め込まれており、まだリサイクルして利用できるものがいくらもあるという自負がある。

こんなことを言うのはおこがましいことだが、これまで社会から受けたさまざまな恩恵に対して、億万分の一にも満たないとは思うが、少しでも恩返しをしたいという気持ちで診療に携わっている。そして、こうして働くことが私を元気にしてくれているのである。

何はともあれ、高齢の身がここまで無事に過ごせてこられたのは、社会から有形無形の多くの恩恵を受けてきたからであるのは間違いない。高齢者は保有している時間の幾分かを社会への恩返しに使う義務がある。それには、働き盛りの人たちの手助けになるような下働きの仕事をするのも一つの方法だと思う。

家庭においても、高齢者の隠れたパワーをリサイクルできる場面はいくらもある。近くの農家から畑を借りたり、庭の片隅の空き地を畑にしたり、プランターでミニ菜園を作ったりして、野菜を栽培するのは、実益を伴うレクリエーションである。その際、遠い昔の畑仕事の経験から身につけた知恵や手技がリサイクル利用できて、思わぬ成果を上げることもある。昔取った杵柄をもう一度取り上げて、面白がってやってみるのも満更ではない。

若い人たちの身近な師匠になってみる

高齢者は身近にいる若い人たちの師匠格のパートナーであり、若い人たちの欠けているところを効率よく、充足するのを指導する術《すべ》を心得ている。料理の味付け、裁縫のコツ、茶道・華道・書道・手芸などの手ほどき、礼儀作法など高齢女性の出番は実に多い。一方、高齢男性の出番は女性に比べるとそれほど多くはないが、それでもこれまでのあまたの経験を通して得た知見を社会人としての心得として、さりげなく教示できるのは百戦錬磨の高齢男性である。

開業医だった義父は、若くして大学で責任あるポジションについた私が人の妬みを買わないように振る舞う知恵を折に触れてそれとなく話してくれた。そんな義父のアドバイスは正直、決して心地よいものではなかったが、そのことを心に留めておいたことで、最悪の事態を回避できたり、厳しい状況が好転したりしたことなどが度々あった。

私たち高齢者がしなくてはならない大きな仕事が一つ残っている。それは、これから先の生きる姿勢を若い人たちに示すことである。

どのようにして残生を生きるかを心に描くとき、何人もの先人の姿が思い浮かんでくる。それが父母（義父母）や祖父母や身近な親族の高齢者であったり、また、尊敬する人や著名人や歴史上の人物であったりする。

次世代の人たちに、老いてなお明るく、そして堂々と生きている姿を見せることは、高齢者の責務なのである。

＊本書は書き下ろし作品です

石川恭三（いしかわ　きょうぞう）
一九三六年、東京生まれ。慶應義塾大学医学部大学院修了。ジョージタウン大学留学を経て、杏林大学医学部内科学主任教授。現在は名誉教授。臨床循環器病学の権威で、専門の心臓病に限らず幅広く活躍。執筆活動も盛んで、著書多数。主な著書に『心に残る患者の話』『医者の目に涙ふたたび』『医者が見つめた老いを生きるということ』『死ぬ前の覚悟』『名医がすすめる定年からのいい生き方』『50歳からの健康歳時記』『60歳からの5つの健康習慣』『命の時間を抱いて』『医者いらずの老い方』『一読、十笑、百吸、千字、万歩』『沈黙は猛毒、お喋りは百薬の長』『老い越せ、老い抜け、老い飛ばせ』『いい老い加減』『百歳を生きる処方箋』『老いのトリセツ』など。

老いのたしなみ

二〇二〇年七月二〇日　初版印刷
二〇二〇年七月三〇日　初版発行

著　者　石川恭三
装　丁　坂川事務所
発行者　小野寺優
発行所　株式会社河出書房新社
〒一五一－〇〇五一
東京都渋谷区千駄ヶ谷二－三二－二
電話　〇三－三四〇四－一二〇一（営業）
　　　〇三－三四〇四－八六一一（編集）
http://www.kawade.co.jp/

本文組版　KAWADE DTP WORKS
印刷・製本　中央精版印刷株式会社

Printed in Japan　ISBN978-4-309-02901-6
落丁本・乱丁本はお取り替えいたします。